# Paris

Gabriele Kalmbach

# Inhalt

**Das Beste zu Beginn**
S. 4

**Das ist Paris**
S. 6

**Paris in Zahlen**
S. 8

**Was ist wo?**
S. 10

**Augenblicke**
Métro multikulti
S. 13
Eine Stadt, ein Fluss
S. 14
Die Weltstadt als Kunstwerk
S. 16

**Ihr Paris-Kompass**
15 Wege zum direkten Eintauchen in die Stadt
S. 18

Kathedrale in Flammen – **Notre-Dame**
S. 20

Vom Abendland ins Morgenland – **im Quartier Latin**
S. 25

Die Entdeckung der Langsamkeit – **unterwegs mit dem Batobus**
S. 29

Kunst im Bahnhof – **das Musée d'Orsay**
S. 34

Besuch bei der eisernen Dame – **der Eiffelturm**
S. 37

Auf der Zielgeraden – **die Champs-Elysées**
S. 41

Das Lächeln der Lisa – **der Louvre**
S. 44

Wandeln in gläsernen Welten – **die Galerie Vivienne**
S. 49

 Raffinerie der Kunst – **Centre Pompidou**
S. 53

 Der Glanz einer anderen Zeit – **Place des Vosges**
S. 56

 Frischluft statt Métro-Mief – **im Osten von Paris**
S. 59

 Steinernes Labyrinth für Unsterbliche – **der Cimetière du Père Lachaise**
S. 64

 Schlaflos in Paris – **die Rue Oberkampf**
S. 67

 Alles wie gemalt – **der Montmartre**
S. 70

Wissenschaft im Schlachthof – **La Villette**
S. 74

**Pariser Museumslandschaft**
S. 78

**Noch mehr Kunst …**
S. 81

**Aus Paris wird Grand Paris**
S. 82

**Das royale Paris – Versailles**
S. 83

**Pause. Einfach mal abschalten**
S. 84

 **In fremden Betten**
S. 86

 **Satt & glücklich**
S. 90

 **Stöbern & entdecken**
S. 98

 **Wenn die Nacht beginnt**
S. 104

**Hin & weg**
S. 110

**O-Ton Paris**
S. 114

Register
S. 115

Abbildungsnachweis, Impressum
S. 119

**Kennen Sie die?**
S. 120

# Das Beste zu Beginn

**Flugshow**
Die schönste Art, eine Stadt kennenzulernen, ist, auf sie herabzuschauen… Mit dem Ballon im Parc André Citroën steigt man bis in 150 m Höhe auf und lernt Paris aus gänzlich neuer Perspektive »im Flug« kennen (▶ S. 84).

---

**Im Atelier**
Sie möchten sehen, wie die Künstler früher in Paris gearbeitet haben? Besuchen Sie das Musée Zadkine beim Jardin du Luxembourg (100, rue d'Assas, 6. Arr.), das Musée de la Vie Romantique (16, rue Chaptal, 9. Arr.) oder das Haus von Balzac (47, rue Raynouard, 16. Arr.). Alle drei Museen sind Di–So 10–18 Uhr geöffnet.

---

**Erholung auf der Bahntrasse**
Toll, dass die Stadt seit einiger Zeit gezielt für mehr Grün sorgt! Nach der Promenade Plantée (▶ S. 85) macht Paris mit dem Prinzip »grüne Spazierwege auf stillgelegten Eisenbahntrassen« weiter: Nun wird die Petite Ceinture, einst eine Ringbahn rund um die Stadt, für Spaziergänger geöffnet.

---

**Für Foodies**
Wer es liebt, sich mit französischen Spezialitäten zu versorgen, reist aus der Grande Epicerie, dem Feinkosthaus des Kaufhauses Bon Marché, voll bepackt wieder nach Hause (▶ S. 102). Nicht nur die Salz- und Gewürzauswahl ist beeindruckend – schauen Sie sich nur zum Beispiel mal das riesige Mineralwassersortiment an!

**Paris skurril**
Wer keine Lust hat, vor dem Eingang zu den Katakomben (▶ S. 28) bis zu zwei Stunden in der Schlange zu warten, meldet sich stattdessen zu einem Besuch im kleinen, privat geführten Vampirmuseum an (14, rue Jules-David, Anmeldung unter: museedesvampires@wanadoo.fr).

**Das Beste zu Beginn**

### Suppenküchen
Rund um die Place d'Italie leben Tausende von Migranten aus Laos, Vietnam, Kambodscha und anderen Ländern Asiens. Zwar ist die Pariser Chinatown nicht mit dem New Yorker Pendant zu vergleichen, doch in den Schnellimbissen und Restaurants werden köstliche Nudelsuppen serviert.

### Ohren auf
Das Les Trois Baudets ist einer der mythischen Orte von Paris: Hier begannen einst große Chansonniers wie Jacques Brel, Georges Brassens und Juliette Gréco ihre Karrieren. Nach langen Jahren als eine von vielen Pigalle-Sexshows wurde das Musiktheater restauriert und 2009 wiedereröffnet. Der Konzertsaal mit 250 Plätzen ist ein toller Ort, um neueste Trends und französische Musiker in ihrer ganzen Vielfalt und Bandbreite zu entdecken, von Pop über Rock und Electro bis zu Rap.

### Drinks auf der Dachterrasse
»Tout Paris« entdeckt gerade den Reiz von Rooftop Bars. Das Mama Shelter spielte dabei den Vorreiter: Also rauf aufs Dach des Hotels und den Sommerabend beim Barbecue genießen (▶ S. 88).

### Skywalk für Wagemutige
Ein originelles Selfie aus Paris fehlt noch? Schwindelfreie Besucher des Eiffelturms lichten sich auf dem Glasboden der ersten Plattform ab – 57 m tiefer wirken die Menschen klein wie Ameisen.

Für Paris packe ich Badeanzug und Schwimmbrille ein. So wie Groundhopper Fußballstadien sammeln, will ich in möglichst vielen schönen Freibädern wie der Piscine Josephine-Baker mal schwimmen gewesen sein.

## Fragen? Erfahrungen? Ideen?
Ich freue mich auf Post.

 *Mein Postfach bei DuMont:*
*g.kalmbach@dumontreise.de*

# Das ist Paris

Lange war Paris eine Stadt, die ihren Fluss ignorierte, doch seit einigen Jahren entdeckt die französische Metropole, wie viel ungeahnte Qualität das Leben am Wasser tagtäglich bieten kann. Kleine Momente des Glücks am Seine-Ufer, allein oder mit Freunden, zum Picknicken, Musikmachen, Lesen oder einfach nur Schauen – kann ein lauer Sommerabend schöner sein? Richtig romantisch wird es in der Dämmerung, wenn das Wasser glitzert und Notre-Dame wie seit Jahrhunderten schon verlässlich weiter über die Seine-Inseln wacht. Beide Seine-Ufer wurden zu Spazierstrecken umgestaltet, zwischen Musée d'Orsay und Pont de l'Alma gibt es sogar schwimmende Gärten und Ruhecontainer, Fitnesstrail, Kletterwand und Spielflächen (lesberges.paris.fr). Partyschiffe, Foodtrucks und Szenelokale direkt am Ufer verwandeln die Quais an sommerlichen Abenden in eine große Feierzone.

## Genuss und Chic

Paris ist die kulinarische Hauptstadt der Welt – nur in Tokio glänzen ähnlich viele Sterne am gastronomischen Himmel. 2019 befand der Michelin neun Restaurants für würdig, in die 3-Sterne-Kategorie aufgenommen zu werden, 102 Lokale erhielten einen oder zwei Sterne. Zudem eifern viele junge Talente ihren großen Kochvorbildern nach, und in einer so multikulturellen Stadt wie Paris ist auch die ganze Bandbreite der Länderküchen vertreten, von afghanisch bis vietnamesisch.

Zugleich ist Paris auch die Modehauptstadt der Welt – und Chanel, Dior, Vuitton und Hermès sind legendäre, weltweit bekannte Marken mit Must-have-Status in Fernost und anderswo. Doch hinter der Fassade von Glanz und Glamour sind immer weniger Häuser unabhängig; viele der Nobelmarken gehören internationalen Konzernen: allen voran Europas größtes Luxusimperium LVMH mit seinem ehrgeizigen Chef Bernard Arnault, der sein Privatmuseum unlängst sogar im Bois de Boulogne bauen durfte. Sein Rivale ist Multimillionär François Pinault, der wiederum 2020 in der Bourse de Commerce mitten im Zentrum ein Museum eröffnet. Beide sind trotz aller Krisen überzeugt davon, mit der Luxusindustrie in eine Wachstumsbranche zu investieren – und beauftragten mit Frank Gehry und Tadao Ando jeweils Stararchitekten.

## Green City

Frankreichs Hauptstadt verkörpert Lebensart, Eleganz, Esprit und Flair mit Respekt für das Alte und Sinn für das Neue: Paris ist nicht nur sehr traditionsbewusst, sondern auch hip, quicklebendig und modern. Eine Vielzahl an Maßnahmen sollen die Stadt nun auch ökologisch fit für die Zukunft machen, damit sie selbst als ›Megacity‹ noch lebenswert bleibt. Frankreich hat 67 Mio., der Großraum Paris rund 12,6 Mio. Einwohner – fast jeder fünfte Franzose lebt in der Hauptstadt. In diesem Ballungsraum konzentrieren sich nicht nur Politik und Macht, das zentralistische Gefüge Frankreichs spiegelt sich auch im ökonomischen Bereich wider: ›Grand Paris‹ ist bedeutender Schwerpunkt von Wirtschaft, Handel und Dienstleistungssektor und erwirt-

# Das ist Paris

*Liberté, Egalité, Fraternité – nur Worte oder gelebte Werte?*

schaftet fast ein Drittel des Bruttoinlandsprodukts. Auch die rund 35 Mio. Touristen aus aller Welt bilden eine wichtige Einnahmequelle für die damit meistbesuchte Stadt der Welt. In der Rangliste der ›Green Cities‹, der umweltbewussten Metropolen Europas, steht Paris noch weit hinten, doch auf dem Weg zu Nachhaltigkeit und Klimaschutz will man aufholen. Seit 2007 stellt die Stadt an Leihstationen über 20 000 Fahrräder zu günstigen Tarifen zur Verfügung, wurden Tramlinien am Stadtrand gebaut, durch die Straßen rollen erste Hybrid-Taxis, Vélo-Taxis und Lasten-Dreiräder. Vergleichbare Bestrebungen gibt es für Müllvermeidung, Luftreinhaltung, mehr Grün- und Freizeitanlagen und vieles mehr.

## Chinatown und Belleville

Über die Hälfte der Einwanderer und Ausländer Frankreichs (mit oder ohne französische Staatsbürgerschaft) lebt in der Île de France, das sieht man auch im Zentrum von Paris. In Chinatown (13. Arr.) haben Einwanderer aus Vietnam, Kambodscha, Laos und anderen asiatischen Ländern dem Viertel fernöstliches Flair verliehen – und im Multikulti-Viertel Belleville (20. Arr.) leben an die 70 Nationalitäten, von Armeniern, Polen und Russen über Einwanderer aus der Karibik und Schwarzafrika bis zu Muslimen und Juden aus Tunesien, Marokko und Algerien. Die Seine-Metropole als multikulturelle Weltstadt profitiert von Marabuts und Rabbinern, Moscheen und Synagogen, arabischen Rundfunksendern und afrikanischen Plattenlabeln, exotischen Restaurants und Märkten. Denn die Zuwanderer aus frankophonen Ländern, ehemaligen Kolonien und aus aller Welt sorgen dafür, dass die französische Metropole in Bewegung bleibt. Wie die Terroranschläge und Jugendunruhen in den sozialen Brennpunkten zeigen, muss die Stadt aber auch dringend die aus Armut und mangelnder Integration resultierenden Konflikte in den Griff bekommen.

# Paris in Zahlen

**1**
Stoppschild gibt es in ganz Paris.

**4**
Tage braucht man für den Besuch des Louvre bei 10 Sekunden pro Werk.

**5,75**
Meter misst die kürzeste Straße (Rue des Degrés), 4,36 Kilometer die längste (Rue de Vaugirard).

**7,49**
Minuten benötigte der schnellste Läufer beim Treppenlauf für die 1665 Stufen des Eiffelturms.

*20*
Arrondissements zählt die Hauptstadt.

**102**
Restaurants wurden im Jahr 2019 mit mindestens einem Michelin-Stern ausgezeichnet.

**129**
Meter hoch ist der höchste Pariser ›Berg‹ – der Montmartre.

*303*
Métro-Stationen umfasst das U-Bahn-Netz plus 18 Geisterbahnhöfe.

**775**
Kilometer fließt die Seine von der Quelle bis zur Mündung durchs Land und ist nach Loire und Rhône der drittlängste Fluss Frankreichs.

## 2300
Flaschen Champagner werden täglich abends in den Revuetheatern geleert.

## 2900
Kilometer Bürgersteige gibt es – aber nicht alle sind breit genug zum Flanieren.

## 3000
Tonnen Abfall pro Tag und 350 000 Tonnen Zigarettenkippen pro Jahr kommen in der Stadt der Liebe und des Mülls zusammen.

## 5000
Tonnen Sand verwandeln das Seine-Ufer im Sommer in den größten Beach- und Strandclub der Welt.

## 21 154
Menschen pro Quadratkilometer leben in Paris, in Berlin nur knapp 4000.

## 100 000
Straßenbäume (plus knapp 400 000 in Parks, Grünanlagen, Stadtwäldern, Friedhöfen) werden gepflegt und z. T. über eingepflanzte Chips kontrolliert.

## 2 230 000
Menschen leben im Zentrum, innerhalb des Boulevard Périphérique.

## 12 568 000
Einwohner hat der Großraum Paris.

### 35
Kilo Haushaltsmüll fallen pro Sekunde an.

# Was ist wo?

Als ›Stadt der hundert Dörfer‹ wurde die Weltstadt charakterisiert – gemeint ist damit, dass jedes kleine Stadtviertel *(quartier)* ein Eigenleben führte. Von der Verwaltung in 20 Bezirke eingeteilt, wird in Paris, angefangen beim 1. Arrondissement rund um den Louvre, schneckenförmig und im Uhrzeigersinn nach außen gezählt (im Buch jeweils angegeben). Jeder dieser administrativen Stadtteile gliedert sich wiederum in vier *quartiers,* die eigentliche Heimat der Pariser, ihr ›Dorf‹.

## Rive Gauche und Rive Droite

Die Seine teilt Paris in Rive Gauche und Rive Droite, in linkes und rechtes Ufer. Die intellektuelle linke Stadthälfte ist stolz auf Sorbonne und andere Universitäten, renommierte Gymnasien, Grandes Ecoles, Kunstakademie, Verlage, Buchhandlungen, Programmkinos und Literatencafés, die rechte mondäne auf Börse, Boulevards, Banken und Haute Couture. An der Rive Droite haben die ehrwürdige Comédie Française und die alte Oper ihren Sitz, hier liegen die eleganten Einkaufsviertel um Rue du Faubourg Saint-Honoré, Avenue Montaigne und Place Vendôme, hier gelten die Champs-Elysées als schönste Avenue der Welt. Hier steht der Präsidentenpalast und mit dem Louvre das größte Museum der Welt. Vereinfacht gesagt: Links wird gedacht, rechts Geld verdient. Jenseits dieser Zweiteilung hat jeder Stadtteil seinen eigenen Charakter, seinen eigenen Stil und Reiz.

## Links der Seine

Die studentisch-jugendliche Szene prägt das **Quartier Latin** (ᴍ H–K 6–8, 5. Arr.) rund um die Sorbonne. Und tatsächlich verdankt das Viertel seinen Namen nicht den Römern, deren Thermen und Amphitheater hier noch erhalten sind, sondern dem Latein, das an der mittelalterlichen Universität gesprochen wurde. Die zentrale Achse des Viertels ist der Boulevard Saint-Michel. Richtung Moschee und Jardin des Plantes wird das Viertel deutlich ruhiger.

Mit Buchhandlungen und Antiquitätenläden, Galerien und Kinos ist **Saint-Germain-des-Prés** (ᴍ F/G 5–7, 6. Arr.) ideal zum Shoppen und Stöbern, ob im Kaufhaus Bon Marché, bei den Bouquinisten am Seine-Quai oder in den schicken Boutiquen rund um die Place de Sèvres. Berühmt machten das schöne Viertel auch die Literatencafés, allen voran Les Deux Magots und Le Flore, in dem nicht nur Picasso gerne und häufig einkehrte.

Im **Faubourg Saint-Germain** (ᴍ D–F 4–6, 7. Arr.) ließ sich die Aristokratie schon im 17. und 18. Jh. nieder und baute luxuriöse Stadtpaläste, in denen heute überwiegend Ministerien und ausländische Botschaften residieren. Anziehungspunkte in diesem ruhigen Viertel sind Eiffelturm, Invalidendom, das Rodin-Museum und die Museen am Quai Branly und Quai d'Orsay.

## Rechts der Seine

Das **Marais** (ᴍ J/K 4–6, 3. und 4. Arr.), ein Stadtteil mit viel Flair und vornehmen Stadtpalais rund um die Place des Vosges, ist ideal zum Bummeln und Flanieren. Gay-Bars, schicke Restaurants und Design-Boutiquen ziehen Paris-Besucher und auch die Hauptstädter selbst an. Rund um die

# Was ist wo?

Rue des Rosiers mischen sich unter jüdische Läden immer mehr Falafel-Imbisse.
**Les Halles** (📖 H/J 4/5, 1. Arr.), das Viertel rund um das Centre Pompidou, soll attraktiver werden, die Neugestaltung des Forum des Halles war der erste Schritt. Rundherum bestimmen Jeansboutiquen, Souvenir- und Postkartenläden den Charakter dieses Stadtteils, der weitestgehend zur Fußgängerzone gemacht wurde.
Das benachbarte Quartier **Montorgueil** (📖 H/J 3/4, 2. Arr.) rund um die gleichnamige Marktstraße entwickelt sich gegenwärtig zum belebten Trendviertel. Insbesondere die Straßen Saint-Sauveur, Bachaumont, Greneta und Mandar sowie die Passage du Grand Cerf gelten als Pflaster für alternative Wohlstandsbürger.
Von den legendären **Champs-Elysées** (📖 B–E 2–4, 8. Arr.) und ihren vornehmen Seitenstraßen geht es in das Paris des 19. Jh., zur Belle-Epoque-Oper und den breiten Boulevards (9. Arr.) mit den großen Kaufhäusern Printemps und Galeries Lafayette.

## Im Norden, Süden und Osten

**Montmartre** (📖 Karte 4, 18. Arr.), lange Zeit das Rotlichtviertel von Paris mit schäbigen Sexshops und viel Touristennepp, hat durchaus charmante Ecken. Neben dem Blick auf Paris von den Treppen vor Sacré-Cœur lohnt es sich auch, durch die Straßen rund um die Place des Abbesses zu schlendern.
In **Montparnasse** (📖 D-F 7/8, 14. Arr.) ließen sich in den goldenen 1920er-Jahren Maler und Schriftsteller nieder. Heute ist rund um die Gare Montparnasse und den Wolkenkratzer Tour Montparnasse vor allem der Alltag authentisch-untouristisch zu erleben. Und mit den Kinos und Brasserien ist Montparnasse abends ein beliebtes Ausgehviertel. Auch das **Bastille-Viertel** (📖 L/M 5/6, 11. Arr.) im Osten, jenseits der Place de la Bastille und der neuen Oper, ist zum nächtlichen Ausgehen beliebt: In den Bistros und Bars der Rue de Lappe und der Rue Oberkampf macht ein junges Publikum die Nacht zum Tag. Die Szene zieht es jedoch schon wieder weiter, an den **Canal Saint-Martin** (📖 K/L 1–3, 10. Arr.), nach **Belleville** (📖 K–M 1–3, 20. Arr.).

# Augenblicke

# Métro multikulti

Afrika liegt in Paris, Asien und der Orient auch, Belgien und Portugal sowieso. In der französischen Metropole ist jeder sechste Pariser ein ›Fremder‹ und bringt seine Kultur mit. Belgische Modemacher, arabische Markthändler und vietnamesische Suppenköche, Rapper mit Wurzeln in Westafrika und armenische Chansonniers, diese Stadt zieht alle an – und profitiert als Melting Pot von Multikulti und Migration.

# Eine Stadt, ein Fluss

Zum Tangotanzen an die Seine! Oder zum Joggen, Faulenzen, Durchatmen, Sonnenbaden, Picknicken und Feiern an den Quai … Ein Spaziergang am Flussufer ist der einfachste Weg, die Stadt zu entdecken. Nur Schwimmen ist nicht zu empfehlen – ansonsten bieten die Flaniermeilen am Wasser Container für eine Siesta und Kletterwände, Liegestühle und Sitzstufen, Partyschiffe und Szeneclubs. Und jede Menge Atmosphäre!

# Die Weltstadt als Kunstwerk

… und Kunst in der Weltstadt – keine Stadt ist so oft gemalt oder literarisch verewigt worden wie Paris, und viele herausragende Bauwerke bieten Raum für Museen oder zeitgenössische Kunst, vom Bahnhof Gare d'Orsay bis zum Königspalast Louvre. Das grandiose Glasdach des Grand Palais wölbt sich aber keineswegs nur über spektakuläre Ausstellungen, auch Modedefilees werden hier mit Pomp, Pop und Lightshows in Szene gesetzt. Denn in Paris ist nicht nur die Kunst Kunst, auch Mode, Essen und das ganze Leben sind Kunst!

# Ihr Paris-Kompass

**#2**
Vom Abendland ins Morgenland – **im Quartier Latin**

**#3**
Die Entdeckung der Langsamkeit – **unterwegs mit dem Batobus**

**#1**
Kathedrale in Flammen – **Notre-Dame**

*Carpe Diem*

ES SIND DOCH NUR 400 STUFEN !

SIGHTSHIPPING

WOMIT FANGE ICH AN?

KREATIV COOL! KOSMOPOLITISCH

**#15**
Wissenschaft im Schlachthof – **La Villette**

Die **Wunderbare** Nachbarschaft der Amélie

**#14**
Alles wie gemalt – **der Montmartre**

HEUTE MAL SHABBY CHIC

DAS LEBEN GEHT WEITER …

**#13**
Schlaflos in Paris – **die Rue Oberkampf**

**#12**
Steinernes Labyrinth für Unsterbliche – **der Cimetière du Père Lachaise**

**15 Wege zum direkten Eintauchen in die Stadt**

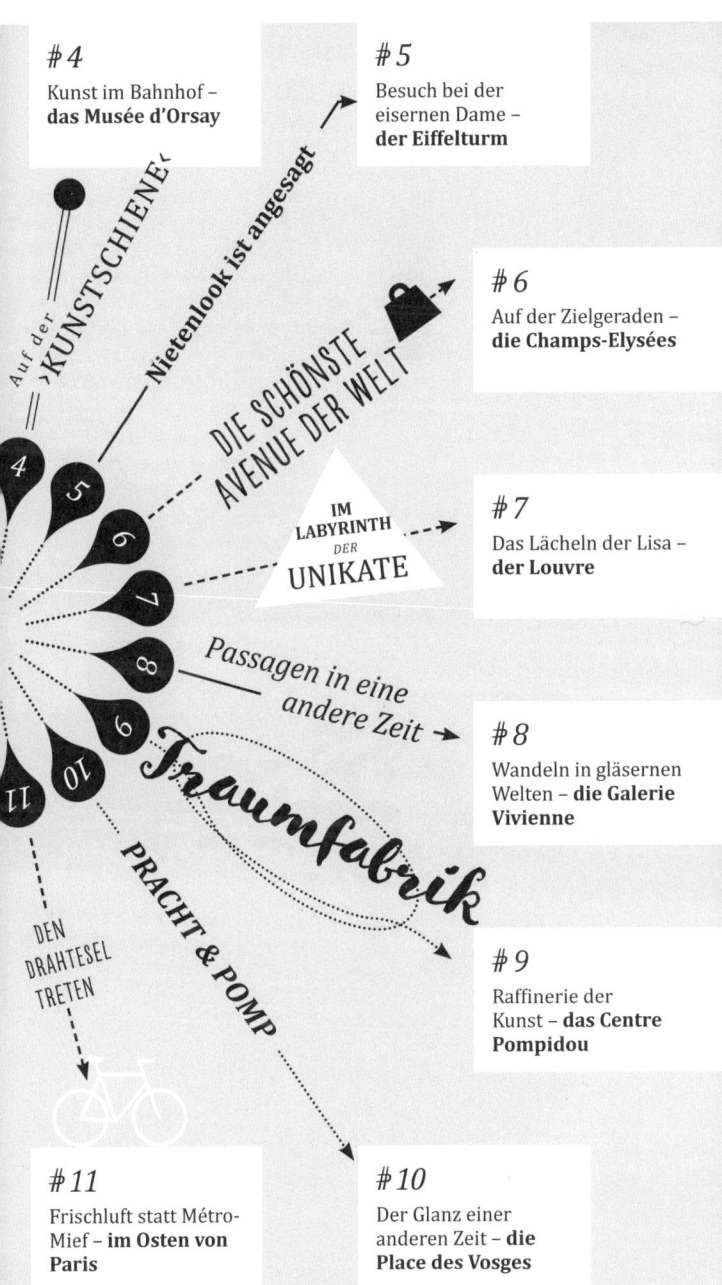

# # 1

# Kathedrale in Flammen – **Notre-Dame**

**Notre-Dame, eine der spektakulärsten gotischen Kathedralen Frankreichs, wurde bei dem verheerenden Großbrand im Frühjahr 2019 schwer beschädigt, glücklicherweise aber nicht komplett zerstört. Schon in den ersten Tagen nach der Katastrophe versprach Staatspräsident Emmanuel Macron, das architektonische Meisterwerk in nur fünf Jahren wiederherstellen zu lassen.**

*Nach dem Brand des Dachstuhls im April 2019 wird Notre-Dame auf Jahre hinaus nicht zugänglich sein. Die Restaurierungsarbeiten gehen nur langsam voran, nach wie vor besteht Einsturzgefahr.*

Viele der berühmten gotischen Kathedralen Frankreichs, in Chartres etwa oder in Reims, sind eine eigene Reise wert. Ganze Bücher behandeln ihre meisterliche Architektur, Legionen von Stadtführern werden nicht müde, ihre Schönheit zu preisen. Und dann kommt Notre-Dame: Die Lage auf der Seine-Insel mitten in Paris macht die über 850 Jahre alte Kirche zu einer der spektakulärsten.

# Notre-Dame #1

Es gibt nicht viele Kirchen weltweit, vor denen die Menschen Schlange stehen. Vor der Kathedrale **Notre-Dame** 1 auf der Île de la Cité tun sie es täglich. Denn das 1163 begonnene und erst 1345 beendete Meisterwerk der französischen Gotik beeindruckt auch den Laien durch die harmonische Symmetrie der reich mit Skulpturen verzierten Westfassade.

*Gewaltig sind die drei Rosetten von Notre-Dame – die auf Französisch hübscherweise ›Röschen‹ heißen – mit einem Durchmesser von zehn bis 13 m. Fast alle anderen Fenster wurden für die Rekonstruktion bereits ausgebaut, die Rosetten zunächst nur durch Netze geschützt.*

## Paris, Bamyan, Nimrud – blinder Zerstörungswahn kennt keine Grenzen

Zwar sind ihre Nachfolgebauten in Chartres und Reims schlanker, ranker und eleganter – doch besticht die Pariser Kathedrale durch die Kombination himmelwärts strebender und horizontaler Elemente: Die wie ein gesticktes Band wirkende, filigrane Arkadengalerie am Ansatz der Türme und auch die Königsgalerie über den drei Portalen betonen die Waagerechte. Sie bietet 28 Skulpturen Raum: Die originalen biblischen Könige allerdings wurden während der Französischen Revolution als verhasste Symbole der Monarchie zerstört – der tobende Mob hielt sie für Statuen der Könige Frankreichs. Erst 1977 brachte ein spektakulärer Fund einige der Köpfe zutage, die ein Monarchist vergraben hatte und die heute zu den Kostbarkeiten des Mittelaltermuseums im **Hôtel de Cluny** (▶ S. 25) gehören.

## Meister des Mittelalters

Die drei Portale, das Marien- und das Annenportal sowie das mittlere Portal mit dem Jüngsten Gericht, zeugen von der Kunstfertigkeit der mittelalterlichen Steinmetze. Mehr als einen Blick wert ist auch die große Fensterrosette, mit 13 m Durchmesser eine der größten Europas. Auf die beiden anderen, nicht ganz so großen in den Seitenschiffen treffen Sie später auf Ihrem Rundgang durch das mit 130 m Länge mächtige Kircheninnere.

## Von der Jungfrau bis zur Bluthochzeit

Über die Jahrhunderte war die Kirche Schauplatz zahlreicher geschichtlich bedeutsamer Feierlichkeiten: 1430, im Hundertjährigen Krieg, wurde hier der neunjährige Heinrich VI., König von England, zum französischen König gesalbt; 1455 eröffnete Heinrich VII. auf Bitten ihrer Mutter den Rehabilitationsprozess für Jeanne d'Arc; 1572 lieferte die

*Die große Glocke oben im Südturm von Notre-Dame heißt Emmanuel. Und Emmanuel ist ein echtes Schwergewicht: 13 t bringt er auf die Waage – schon allein sein Schlegel wiegt fast 500 kg. Besondere Sorge bereitete beim Brand, die Glocken könnten abstürzen und alles mitreißen.*

## #1 Notre-Dame

*Der schmiedeeiserne Pont au Double aus dem 19. Jh. quert die Seine zu Füßen von Notre-Dame und verbindet das 4. mit dem 5. Arrondissement. Der Name der Brücke ist von dem Wegzoll in Höhe eines doppelten Deniers, der beim Überqueren gezahlt werden musste, abgeleitet.*

Schon in den ersten Tagen nach dem Brand wurden mehr als 450 Millionen Euro für den Wiederaufbau von Notre-Dame zugesagt – von Milliardären und Unternehmen, Privatleuten und Organisationen. Der Pariser Fußballclub PSG verkaufte in gerade mal 30 Minuten 1000 Trikots mit dem Bild von Notre-Dame zu je 100 Euro, der Erlös kam der Feuerwehr zugute. Wer ebenfalls spenden möchte, sollte die offiziellen Konten der Regierung oder der Kirche nutzen.

Heirat des protestantischen Heinrich von Navarra mit Margarete von Valois den Anlass für die blutige Bartholomäusnacht; 1804 setzte sich Napoleon in Anwesenheit von Papst Pius VII. selbst die Kaiserkrone auf; im 20. Jh. zelebrierte die Grande Nation hier die Staatsbegräbnisse von General de Gaulle (1970) und François Mitterrand (1996).

Nicht nur die Fassade von Notre-Dame ist es wert, bewundert zu werden – es empfiehlt sich auch ein kleiner Spaziergang um das gotische Meisterwerk herum und durch die kleine Gartenanlage mit Blick auf die Seine. Gut zu sehen ist das gotische Strebewerk: Diese wohl um 1160–80 erfundenen Außenstützen machten es überhaupt erst möglich, die gotischen, hoch aufstrebenden Kirchen mit ihren großen Fenstern zu erbauen.

### Der Fünfjahresplan

Ob die Restaurierung in so kurzer Zeit gelingt? Es wird sicher dauern, einsturzgefährdete Bauteile abzustützen, Gutachten über notwendige Maßnahmen und Vorgehensweisen einzuholen, Arbeiten auszuschreiben und Angebote einzuholen. Wann tatsächlich mit dem Wiederaufbau begonnen wird, ist also keine Frage von Monaten, sondern von vielen Jahren. Auch der große Vorplatz vor Notre-Dame ist für die Öffentlichkeit gesperrt; ob dort für die Übergangszeit eine Kathedrale aus Holz errichtet wird, dürfte derzeit kaum mehr als ein Gedankenspiel sein.

### Die Todeszelle

Auf der Île de la Cité versteckt sich ein weiteres Wunderwerk mittelalterlicher Kirchenbaukunst: die **Sainte-Chapelle** 2. Diese im 13. Jh. erbaute Kapelle, ein gotisches Kleinod, bestimmte Ludwig der Heilige dazu, die Dornenkrone Christi als wertvollste Reliquie aufzunehmen. Berühmt sind die 600 m² farbigen Glasfenster in der oberen, dem König vorbehaltenen Kapelle, die noch etwa zur Hälfte original erhalten sind.

Ihre Nachbarin, die **Conciergerie** 3, war im Mittelalter vor dem Bau des Louvre die Königsburg, doch seit dem 15. Jh. diente der wehrhafte Bau als Gefängnis. Zu besichtigen sind Salle des Gens d'Armes, Salle des Gardes, die Küchenräume und die Zellen Marie-Antoinettes und Robespierres, die zur Zeit der Französischen Revolution von hier zur

# Notre-Dame #1

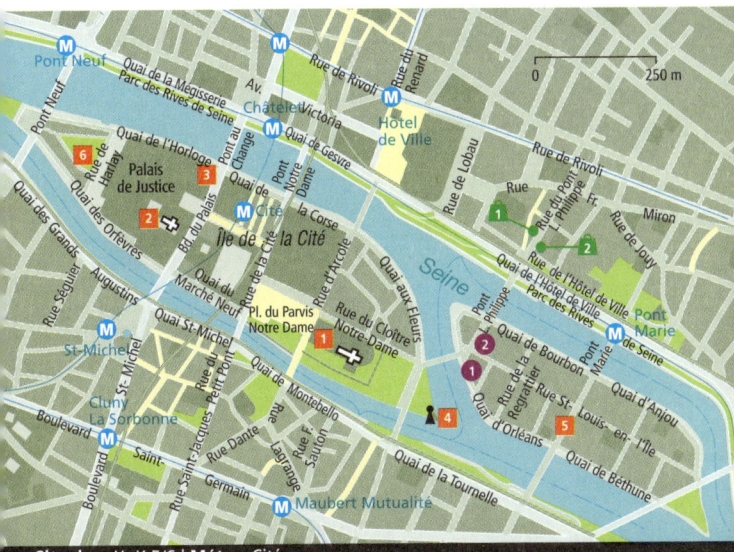

**Cityplan:** H–K 5/6 | **Métro:** Cité

### INFOS/ÖFFNUNGSZEITEN

**Notre-Dame** 1: Place du Parvis Notre-Dame, 4. Arr., www.notredamedeparis.fr, Mo–Fr 7.45–18.45, Sa/So 7.45–19.15 Uhr

**Sainte-Chapelle** 2: im Palais de Justice, 4, bd. du Palais, 1. Arr., www.sainte-chapelle.fr, April–Sept. tgl. 9–19, Okt.–März 9–17 Uhr, 10/8 €, EU-Bürger bis 25 Jahre frei

**Conciergerie** 3: Boulevard du Palais, 1. Arr., www.paris-conciergerie.fr, tgl. 9.30–18 Uhr, 9/7 €, Kombiticket mit Sainte-Chapelle 15 €, EU-Bürger bis 25 Jahre frei

---

### VIVE LA FRANCE CULINAIRE

Das kleine Restaurant **Le Flore en l'Île** 1 (42, quai d'Orléans, 4. Arr., www.lefloreenlile.fr, tgl. 8–2 Uhr, *formule* 21,90 €) auf der Île Saint-Louis serviert typisch französische Gerichte und dazu von der Terrasse einen wunderbaren Blick auf den Chor von Notre-Dame und die Île de la Cité.

Sie möchten in unmittelbarer Nähe von Notre-Dame einkehren? Nun, dort geht es selbstverständlich nicht ganz untouristisch zu. Aber für den kleinen Hunger ist dieses Eckbistro auf der Ile Saint-Louis durchaus ein Tipp, wenn es mal schnell gehen soll: In dem hübschen **Café Saint-Régis** 2 (6, rue Jean du Bellay, 4. Arr., T 01 43 54 59 41, www.lesaintregis-paris.com, tgl. 7–2 Uhr, um 30 €) stehen Clubsandwich, Burger, Caesar Salad oder Croque Monsieur in Windeseile auf dem Tisch.

---

### EINE EINLADUNG ZUM KREATIVSEIN

**Papier Plus** 1 (9, rue du Pont-Louis-Philippe, 4. Arr., www.papierplus.com, Di–Fr 11–19, Sa 12–19 Uhr) bietet edles Schreibzubehör an: Papiere und Karton in allen Farben und Stärken, Stifte, Notiz-, Adress-, Tagebücher und Kalendarien. Gleich gegenüber hält **Calligrane** 2 (Nr. 6, www.calligrane.fr, Di–Sa 12–19 Uhr) ein ähnliches Sortiment vor.

*#1* **Notre-Dame**

*Um die Kathedrale richtete die Polizei eine Sicherheitszone ein, rundherum überall Kameras. Vielen Einwohnern und Touristen geht die Katastrophe nach wie vor nahe, nicht alle posieren nur für Selfies.*

Guillotine gebracht wurden. Hier fand auch das Revolutionstribunal statt, das circa 2700 Menschen zum Tod verurteilte. In einem der Räume erinnert eine Liste aller Guillotinierten noch heute an die Tage der Revolution.

### Vergeben, nicht vergessen

Das **Mémorial des Martyrs de la Déportation** 4 an der Spitze der Île de la Cité gedenkt der von den Deutschen im Zweiten Weltkrieg deportierten Franzosen; durch ein vergittertes Fenster erhaschten sie einen Blick auf die Seine. Auf dem Mahnmal stehen die Namen der Konzentrationslager, in die Männer, Frauen und Kinder verschleppt wurden, und die Aufforderung »Pardonne – n'oublie jamais«, »Vergib – aber vergiss niemals«.

→ UM DIE ECKE

Über eine kleine Brücke geht es auf die benachbarte **Île Saint-Louis** 5. Von hier können Sie einen Blick zurück auf Notre-Dame werfen und anschließend einfach durch die Rue de Saint-Louis-en-l'Île schlendern, mit ihren schönen historischen Fassaden und hübschen Läden – um dann wieder an der Seine zu landen!

Ursprünglich war die dreieckige **Place Dauphine** 6 am entgegengesetzten Ende der Île de la Cité an allen Seiten einheitlich von Häusern aus Ziegeln und weißem Naturstein umgeben. Mit dem Abriss des Justizpalastes an der Querseite war die Geschlossenheit im 19. Jh. dahin. Doch noch immer ist die Ecke ein idyllischer Winkel mit einigen wenigen Bars und Bistros. Simone Signoret und Yves Montand haben lange Jahre an diesem charmanten Platz gelebt, dem der geschäftige Trubel der Stadtteile links und rechts der Seine nichts anhaben kann.

*Die Wände des Mémorial des Martyrs de la Déportation sind mit 200 000 illuminierten Glasstäben versehen – als Symbol für die unzähligen Opfer der Deportation in NS-Lager.*

# Vom Abendland ins Morgenland – **im Quartier Latin**

Im Jahr 50 v. Chr. besuchten Asterix und Obelix das gallische Großdorf Lutetia auf einer Insel in der Seine. Und dort, wo heute das lebendige und kosmopolitische Studenten- und Touristen-Viertel brummt, lag einst der römische Teil der Gallierstadt Lutetia. Namengebend für das Viertel war jedoch nicht der ›lateinische‹ Ursprung, sondern die Ansiedlung der Universität, an der traditionsgemäß Latein gesprochen wurde.

Für beeindruckende Kunst und Kunsthandwerk aus dem Mittelalter bildet das **Hôtel de Cluny** 1, ein spätgotisches Stadtpalais, einst Stadresidenz der Bischöfe von Cluny, den passenden Rahmen. Das bekannteste Stück des **Musée du Moyen Age** ist die Serie von kostbaren Wandteppichen um die »Dame mit Einhorn«. Daneben sind Elfenbein- und Holzschnitzereien und Goldschmiedearbeiten zu sehen,

*Ein Ankerplatz der intellektuellen Rive Gauche, eine Ali-Baba-Höhle des Geistes oder einfach ein besonders gemütlicher Platz zum Sein ist seit Jahrzehnten schon der Buchladen Shakespeare & Company.*

## #2 Im Quartier Latin

*Bei der Aktion »Au Panthéon« tapezierte der Pariser Fotokünstler JR das ehrwürdige Panthéon, die nationale Ruhmeshalle Frankreichs und die Grabstätte berühmter französischer Persönlichkeiten, mit den Porträts gewöhnlicher Franzosen.*

meist für religiöse Zwecke oder kirchliche Auftraggeber gearbeitet, darunter Reliquienkästchen, Altarleuchter, Grabsteine. Der neue moderne Anbau ist bereits eröffnet, doch bis zum Abschluss des Umbaus 2021 sind nur Teile der Sammlung zugänglich.

Durch das Museum gelangt man in die **antiken Thermen** aus gallo-römischer Zeit (Ende 2./Anfang 3. Jh. n. Chr.). Teilweise erhalten sind Frigidarium, Tepidarium und Caldarium, Kalt-, Lauwarm- und Schwitzbad. Neben antiken, in Paris gefundenen Skulpturen sind hier auch die Originale der während der Französischen Revolution von Notre-Dame abgeschlagenen Königsfiguren ausgestellt.

### Der Club der toten Männer

Am berühmten römischen Vorbild aus der Antike orientiert sich die Weihestätte der Nation: Im 18. Jh. von Jacques-Germain Soufflot als Kirche geplant, dient das **Panthéon** 2 seit der Französischen Revolution als feierlich-düstere Gedenk- und Grabstätte für Frankreichs große Männer – Voltaire, Rousseau, Victor Hugo, Emile Zola und Alexandre Dumas fanden hier ihre letzte Ruhestätte. Frauen wie Marie Curie sind im Ruhmestempel der Franzosen nach wie vor in der Minderzahl. Das Bauwerk mit griechisch-römischer Tempelfassade gilt als ingeniöse Pionierat des französischen Architekten; doch obwohl es zu den bekanntesten Pariser Monumenten gehört, ist noch ein Geheimtipp, dass man gegen einen kleinen Extra-Obolus zur Kuppel auch hinaufklettern kann. Von dort oben öffnet sich eine wunderbare Aussicht auf das Quartier Latin.

### Rom in Paris

Nur einen Torbogen entfernt landet man in der römischen Antike: Rund 15 000 Zuschauer fassten die **Arènes de Lutèce** 3 einst, als hier noch Kämpfe und Spiele stattfanden. Das Amphitheater aus dem 1./2. Jh. ist eines der wenigen erhaltenen Zeugnisse der gallo-römischen Epoche in Paris und eine fast mediterran wirkende Idylle im Quartier Latin. Heute klackern hier nur noch Boulekugeln, auf den steinernen Zuschauerrängen wird eher gelesen oder gepicknickt als gejubelt und geschrien.

### Orientalische Fata Morgana

*Unter dem Halbmond der Großen Moschee findet eine Demonstration gegen Islamophobie statt: Nach den Anschlägen in Frankreich in den vergangenen Jahren ist diese weiter gewachsen.*

Wie ein echtes Stück Morgenland wirkt das mehr als 30 m hohe Minarett der **Grande Mosquée de**

# Im Quartier Latin #2

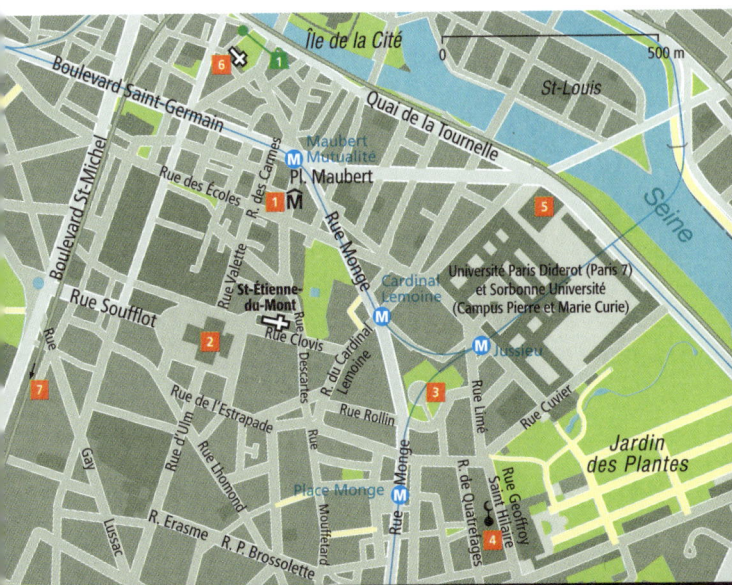

**Cityplan:** H–K 6–8 | **Métro:** Maubert Mutualité und Cardinal-Lemoine sowie Denfert-Rochereau (für die Katakomben)

## INFOS/ÖFFNUNGSZEITEN

**Hôtel de Cluny/Musée du Moyen Age** 1: 6, pl. Paul Painlevé, 5. Arr., www.musee-moyenage.fr, Mi–Mo 9.15–17.45 Uhr, 9 €, erm. 7 €

**Panthéon** 2: Place du Panthéon, 5. Arr., www.paris-pantheon.fr, Okt.–März tgl. 10–18, April–Sept. tgl. 10–18.30 Uhr, 9/7 €, EU-Bürger bis 25 Jahre frei, Aufstieg zur Kuppel zusätzlich 3 € (11, 12, 13.30, 14,30, 15.30, 16.30 Uhr)

**Arènes de Lutèce** 3: 47, rue Monge, 5. Arr., im Winter 8–17.30, im Sommer 8–21.30 Uhr, Eintritt frei

**Grande Mosquée de Paris** 4: Place du Puits-de-l'Ermite, 5. Arr., www.mosquee.net, Sa–Do 9–12, 14–18 Uhr, 3 €

**Institut du Monde Arabe** 5: 1, rue des Fossés Saint-Bernard, 5. Arr., www.imarabe.org, Di–Fr 10–18, Sa/So 10–19 Uhr, Museum 8 €, erm. 6/4 €

**Katakomben** 7: Av. Colonel Henri Rol-Tanguy, 14. Arr., www.catacombes.paris.fr, Di–So 10–20.30 Uhr, 14/12 €

### IN DIE TEEKULTUR EINTAUCHEN

Im **Café Maure de la Mosquée de Paris** 4 (39, rue Geoffroy-Saint-Hilaire, 5. Arr., tgl. 9–23.30 Uhr) trinkt man gern süßen Pfefferminztee. Der mit orientalischen Kacheln, Sitzbänken und bemalter Holzdecke ausgestattete Raum wird im Sommer um zwei Innenhöfe erweitert.

### FUNDSTÜCKE

**Shakespeare & Company** 1: 37, rue de la Bûcherie, 5. Arr., https://shakespeareandcompany.com, Mo–Sa 10–22, So 12.30–20 Uhr

Paris 4, die in den 1920er-Jahren nahe dem Jardin des Plantes erbaut wurde. Die gekachelten Innenhöfe mit Arkaden und Garten können besichtigt

## #2 Im Quartier Latin

*Schauen Sie doch mal am Sonntag in den Arènes de Lutèce vorbei: Mit viel Glück können Sie den ›Stierkämpfern‹ des Vereins Culturaficion beim Üben zusehen. Ohne Stiere, versteht sich.*

werden. Neben Gebetssaal, Schule und Bibliothek gehört auch ein orientalischer **Salon de thé** zu dem großen Komplex.

### Der Orient im Okzident

Dem **Institut du Monde Arabe** 5 gab der Architekt Jean Nouvel die Form eines gläsernen Dampfers und versah die Fassade mit sich je nach Lichteinfall öffnenden und schließenden metallenen Blenden, die im Innern für schöne Schattenspiele sorgen. In ihrer ornamentalen Wirkung sind die Sonnenblenden eine moderne Version der Holzgitter vor den Fenstern arabischer Häuser. Auf virtuose Weise werden weitere Elemente arabischer Baukunst variiert: Der spiralförmige Bücherturm erinnert an ein Minarett, der Innenhof zwischen den beiden Gebäudeteilen an die Enge einer orientalischen Kasbah.

Das **Museum zur islamischen Kultur** besitzt alte Koranhandschriften und Kalligrafien, Teppiche und Textilien, Keramik und Glas, Gemälde und Skulpturen, will aber auch die Gegenwart der arabischen Staaten beleuchten. Wechselausstellungen mit so vielfältigen Themen wie Geschichte des Suez-Kanals, koptische Kunst oder Fotografien aus Saudi-Arabien bringen Mentalität, Sprache, Gegenwart und Geschichte des Orients in den Okzident und sind der eigentliche Publikumsmagnet des arabischen Kulturinstituts. Daneben gibt es ein Film- und Veranstaltungsprogramm sowie eine gut sortierte Buchhandlung. Zum Restaurant und Teesalon in der obersten Etage gehört eine Dachterrasse mit grandioser Aussicht auf Notre-Dame.

### Kleine Schwester

Die winzige Kirche **Saint-Julien-le-Pauvre** 6 ist genauso alt wie Notre-Dame gegenüber. Sie beherbergt die griechisch-melchitische Gemeinde, deren Osterfeier jedes Jahr Schaulustige anzieht. Einst diente sie auch als Wahlort der Rektoren der Sorbonne.

**Ü ÜBRIGENS**

Nichts für schwache Nerven ist ein Besuch der **Katakomben** 7**:** Nach Körperteilen sortierte Skelette von mehr als 6 Mio. Menschen wurden unterirdisch in den ehemaligen Steinbrüchen aufgestapelt, nachdem man zahlreiche innerstädtische Friedhöfe aufgelöst hatte.

> **→ UM DIE ECKE**
>
> Unweit der Seine findet man in der Rue de la Bûcherie die weit über Paris hinaus bekannte Buchhandlung **Shakespeare & Company** 🛈. Vor den mit überwiegend antiquarischen Beständen angloamerikanischer Titel vollgestopften Regalen finden häufig Lesungen neuerer Literatur aus England und Amerika statt.

# Die Entdeckung der Langsamkeit – **unterwegs mit dem Batobus**

**Perspektivenwechsel:** Wer gerne Boot fährt, hat in Paris Gelegenheit, auf der Seine entlangzuschippern und sich die Stadt vom Schiff aus anzusehen. Und tatsächlich eröffnet sich vom Wasser aus ein ganz neuer Blick auf die Metropole. ▼

Auf dem Weg nach Norden fließt die Seine in einem großen Bogen durch die französische Hauptstadt. Entlang der Flussufer und auf den Seine-Inseln reihen sich die Sehenswürdigkeiten aneinander – da macht ein Boot schon Sinn! Die Boote pendeln zwischen neun Haltestellen, an denen Sie nach Belieben aus- und wieder zusteigen können.

*Sightseeing ganz entschleunigt: Statt die Highlights mit der Métro einzeln anzusteuern, nehmen Sie doch einfach das Boot und lassen sich Zeit. Wie man sieht, kann das auch ganz schön sein …*

# #3 Unterwegs mit dem Batobus

Die Haltestelle bei Notre-Dame liegt am Quai de Montebello und gleich nach dem Start drängen die große Kathedrale und die beiden Seine-Inseln ins Bild. Der Quai Saint-Bernard rechter Hand wurde als **Musée de la Sculpture en Plein Air** 1 vornehmlich französischen Bildhauern gewidmet. Einige Skulpturen von César, Ipousteguy, Zadkine und Brancusi säumen die Uferpromenade, auf der an schönen Sommerabenden Tango getanzt wird.

## Königs-Kräuter

Es lohnt sich, gleich am **Jardin des Plantes** 2 das erste Mal auszusteigen. Der botanische Garten wurde im 17. Jh. unter Ludwig XIII. auf Anregung seiner Leibärzte als königlicher Kräutergarten für Heilpflanzen angelegt und schon 1640 für die Öffentlichkeit freigegeben. Zum botanischen Garten gehören schöne alte Glasgewächshäuser aus dem frühen 19. Jh., ein kleines Labyrinth, eine Menagerie (Zoo) und das **Museum für Naturgeschichte** (▶ S. 79) mit der großartigen Grande Galerie, das man sich für einen regnerischen Tag vorbehalten kann. Alte Alleen und farbenprächtige Blumenanlagen, darunter ein Rosarium und ein Irisbeet, sind im Frühjahr, Sommer und Herbst eine echte Augenweide.

*Durchblick auf den Jardin des Plantes – doch dabei sollten Sie es nicht bewenden lassen: Kleine Wege zwischen Beeten und Grünflächen sind beliebt bei Joggern und Flaneuren. Und wenn Sie zur richtigen Zeit da sind, sehen Sie vielleicht den riesigen Kirschbaum in der Mitte der Anlage in voller Blüte stehen.*

## Italienische Gastarbeiter

Der nächste Halt **Hôtel de Ville** 3 liegt unterhalb des Pariser Rathauses, das Franz I. Anfang des 16. Jh. im Stil der Renaissance erbauen ließ. Bei seinen Feldzügen nach Oberitalien hatte der König diese neue Kunstform kennengelernt. Er holte italienische Baumeister und Künstler nach Frankreich, u. a. Leonardo da Vinci. Mit dem Bau des Hôtel de Ville beauftragte er den Architekten Domenico von Cortona. 1871 wurde das Rathaus niedergebrannt, aber schon bald darauf erheblich größer wiederaufgebaut (der Originalbau entsprach nur etwa dem heutigen Mittelteil). 18 Jahre lang war hier der spätere Staatspräsident Jacques Chirac Bürgermeister von Paris, dann residierte dort ab 1995 für weitere sechs Jahre sein Parteifreund Jean Tiberi. Als 2001 nach fast zweieinhalb Jahrzehnten mit Bertrand Delanoë ein linker Bürgermeister in das Rathaus einzog, kam das einem Erdrutsch gleich. Auch seine Nachfolgerin Anne Hidalgo, seit 2014 im Amt, setzt mit ökologischen Projekten beim Umbau von Paris

*Rund drei Dutzend Brücken überqueren die Seine in Paris, von reich verzierten Exemplaren der Jahrhundertwende bis zu modernen Fußgängerstegen. Schauen Sie sich die schönsten Brücken bei einer Bootsfahrt an!*

zu einer modernen Metropole wichtige Akzente. Vom Hôtel de Ville sind es nur ein paar Schritte zum **Centre Pompidou** (▶ S. 53).

## Pomp und Pracht im Palais

Nächste Haltestelle: ›Champs-Elysées‹ an der Belle-Epoque-Brücke **Pont Alexandre III** 4. Der elegante Bogen über die Seine ist ein Meisterwerk der Ingenieurbaukunst und zugleich die pompöseste Brücke der Stadt. Kandelaber im Zuckerbäckerstil, Putten, Nymphen … Das üppige Dekor steht ganz im Zeichen der Belle Epoque. Gebaut wurde die Brücke anlässlich der Weltausstellung im Jahr 1900 – heute ist sie ein beliebtes Fotomotiv, etwa mit dem Glasdach des Grand Palais im Hintergrund.

Auch **Grand Palais** 5 und **Petit Palais** 6 entstanden zur Weltausstellung im Jahr 1900. Das Grand Palais verbirgt seine Eisenkonstruktion hinter einer historistischen Steinfassade, doch die riesige Glaskuppel, eine beeindruckende Konstruktionsleistung, verleiht dem Bauwerk eine überraschende Leichtigkeit. Es wird für große Kunstausstellungen und Messen wie die Biennale des Antiquaires genutzt. Im kleineren Palais mit Neorokokofassade gleich gegenüber zeigt das **Musée du Petit Palais** städtischen Kunstbesitz aus Schenkungen von privater Hand. Zu den Exponaten gehören Gemälde von Cézanne, Courbet, Delacroix, Ingres, Manet, Sisley sowie Skulpturen und Kunsthandwerk. Von hier sind die **Champs-Elysées** (▶ S. 41) nur einen Steinwurf entfernt.

Nach dem Stopp am **Eiffelturm** (▶ S. 37) und am **Musée d'Orsay** (▶ S. 34) lohnt an der letzten Haltestelle am Quai Malaquais ein ausgiebiger Bummel durch das belebte Stadtviertel **Saint-Germain,** von dem es heißt, hier wisse man zu leben und zu lieben …

Kein Platz mehr für Liebesschlösser: Der **Pont des Arts** 7, der in unmittelbarer Nähe zur Haltestelle am Quai Malaquais liegt, ist all seiner Liebesschlösser – es waren Hunderttausende! – beraubt worden. Kein großer Verlust, wie die Pariser finden. Wie auch immer, von der Brücke haben Sie einen einmaligen Blick: Seineaufwärts liegt die Île de la Cité wie ein Schiff im Strom – fest vertäut am Pont Neuf. Flussabwärts schimmert noch einmal die Glaskuppel des Grand Palais über dem Tuilerien-Park.

#3

*Sitzen die ›Unsterblichen‹ im Elfenbeinturm des Institut de France, während draußen Immigranten versuchen zu überleben, wie hier beim Verkauf von gerösteten Kastanien?*

## Literaten unter sich

Der große Barockbau mit Kuppel am Quai de Conti ist das **Institut de France** 8. Es beherbergt die fünf großen Akademien Frankreichs, darunter die Académie Française, deren Aufgabe es seit 1635 ist, über Sprache und Literatur zu wachen. Durch die ›Unsterblichen‹, 40 auf Lebenszeit gewählte Philosophen und Dichter, Historiker und Theologen, soll die intellektuelle Elite Frankreichs vertreten sein. Nur wenn ein Mitglied stirbt, wird ein Nachfolger gewählt. An den unergründlichen Auswahlkriterien der häufig verspotteten, zugleich aber auch angesehenen Institution scheiterten sogar Balzac und Zola, Stendhal, Flaubert und Proust. Und erst seit 1980 Marguerite Yourcenar (1903–87) unter die ›Unsterblichen‹ gewählt wurde, gehören auch Frauen der rund 380 Jahre alten Akademie an.

Ateliers und Hörsäle der **Ecole des Beaux-Arts** 9 befinden sich seit 1616 am Quai Malaquais. Rund um die Kunstakademie haben sich viele Galerien angesiedelt, vor allem in der Rue Mazarine, Rue Bonaparte, Rue des Beaux-Arts und Rue de Seine. Der Bummel führt bis zur belebten Rue de Buci, in der einige hübsche Caféterrassen zum Verweilen laden.

*Stille Betrachtung in der Cour du Mûrier der Ecole des Beaux-Arts. Einem Maulbeerbaum verdankt der Innenhof seinen Namen. Erst im 19. Jh. ließ der Architekt Félix Duban die Wände bemalen und Kopien von antiken Skulpturen aufstellen.*

> → **UM DIE ECKE**
>
> Seit das Seine-Ufer zwischen Musée d'Orsay und Pont de l'Alma fußgänger- und freizeitfreundlich umgestaltet wurde, haben dort auch Boote mit Gastronomie-Betrieb angedockt. Tagsüber werden die vielen Spiel- und Ruhemöglichkeiten an den **Berges de la Seine** genutzt, und an lauen Sommerabenden wandelt sich der ganze Quai vor dem Schiff **Rosa Bonheur sur Seine** zur großen Feiermeile (lesberges.paris.fr, www.rosabonheur.fr, Mi 12–0.30, Do–Sa 12–1.30, So 12–24 Uhr).

# Unterwegs mit dem Batobus #3

INFOS/ÖFFNUNGSZEITEN

**Batobus-Haltestellen:** Notre-Dame, Jardin des Plantes, Hôtel de Ville, Louvre, Place de la Concorde, Eiffelturm, Invalides, Musée d'Orsay, Saint-Germain-des-Prés
**Betriebszeiten:** Mai–Aug. tgl. 10–21.30, April, Sept., Okt. 10–19 Uhr (ca. alle 20–30 Min.), Nov.–Jan. Mo–Do 10–17, Fr–So 10–19 Uhr
**Infos & Preise:** www.batobus.com, Tagesticket 17 € (unter 16 Jahre 8 €), 2 Tage 19 € (10 €)
**Jardin des Plantes** 2: www.mnhn.fr, tgl. 7.30–19 Uhr
**Grand Palais** 5: www.grandpalais.fr
**Petit Palais** 6: Avenue Winston Churchill, www.petitpalais.paris.fr, Di–So 10–18 Uhr, Eintritt frei

---

SPEKTAKULÄR ESSEN – SO ODER SO!

Das **Kong** 1 (1, rue du Pont-Neuf, 1. Arr., T 01 40 39 09 00, www.kong.fr, tgl. 12–18, 19–23.45, Fr/Sa bis 1, Bar tgl. 18–2 Uhr), ein schickes Dachrestaurant und Bar unter einer modernen Glaskuppel, wurde von Designer Philippe Starck gestaltet. Die Fusion-Küche ist nach ehrgeizigen Anfängen etwas instabil. Empfehlenswert daher vor allem wegen der Lage und der Aussicht – am besten mittags auf einen Salat oder abends auf einen Drink.
Im Zweitbistro von Spitzenkoch Guy Savoy an der Seine, **Supu Ramen** 2 (53, quai des Grands-Augustins, 6. Arr., T 01 43 25 45 94, www.supuramenguysavoy.com, tgl. 11–23 Uhr, Ramen 15 €), setzt man auf japanisch-französische Küche: 1a-Service, schnell und effizient.
Das schicke **Minipalais** 3 (Avenue Winston Churchill, 8. Arr, T 01 42 56 42 42, www.minipalais.com, tgl. 10–2 Uhr) fungiert als Restaurant, stylishe Bar und Lounge zugleich. Außerdem gibt es traumhafte Logenplätze draußen unter den Säulen des Grand Palais.

**Cityplan:** D–L 3–8 | **Métro:** z. B. Gare d'Austerlitz, Champs-Elysées-Clemenceau, Pont-Neuf oder Châtelet, Saint-Michel, Cité

# Kunst im Bahnhof – **das Musée d'Orsay**

**Wo einst Reisende ankamen und aufbrachen, ist heute die Kunst des 19. Jh. untergebracht – also lohnt das Museum den Besuch gleich doppelt: wegen der Architektur und der umfassenden Sammlung impressionistischer Werke. Und sollte Ihnen der Bahnhof bekannt vorkommen: Er war schon in etlichen Filmen Kulisse und hat nicht selten allen die Show gestohlen …**

*Unter dem riesigen Ziffernblatt der Gare d'Orsay dampften bis 1939 Züge in die Große Halle, in der heute die Kunst regiert. Es gibt schlimmere Schicksale.*

Mitten in Paris, direkt an der Seine, ließen die Stadtväter zur Weltausstellung im Jahr 1900 einen Bahnhof errichten. Victor Laloux (1850–1937) entwarf einen grandiosen Bau, der – wie so oft in der Belle Epoque – seine moderne Glas-Eisen-Konstruktion hinter einer historisierenden Steinfassade versteckte. Er tat allerdings nicht lange Dienst, bereits 1939 wurde der Pariser Bahnhof schon wieder stillgelegt: Die Bahnsteige waren für die nun längeren Züge zu kurz geworden.

**Das Musée d'Orsay** #4

## Auf der Kunstschiene

Die Gare d'Orsay entging nach langem Leerstand in den 1970er-Jahren nur knapp dem Abriss. Unter Giscard d'Estaing entschloss man sich jedoch, den Bahnhof zum ›Museum des 19. Jahrhunderts‹ zu machen. Beim Umbau wurde die riesige, 200 m lange und 35 m hohe Bahnhofshalle durch ein System von Galerien, Brücken und Terrassen gegliedert, die der Richtung der alten Eisenbahnschienen folgen. Die große Belle-Epoque-Uhr an der Frontseite blieb ebenso erhalten wie das imposante Glasdach und die Kassettendecke.

Das **Musée d'Orsay** 1 konzentriert sich auf den Zeitraum von 1848 bis 1914, deckt damit die ›Lücke‹ zwischen den älteren Beständen des Louvre und den neueren des Centre Pompidou ab. Einbezogen in die Sammlung wurden auch Fotografie, Architekturmodelle, Mobiliar und Kunsthandwerk. Die Hauptattraktion bilden aber Gemälde und Skulpturen, darunter vor allem die einzigartige Impressionistensammlung, die früher im Jeu de Paume zu sehen war.

*Der Umbau der stillgelegten Gare d'Orsay zum Kunstmuseum stieß anfangs auf Skepsis. Das änderte sich nach dem großen Erfolg des Museums schnell – und seither ist man sich einig: Der grandiose Belle-Epoque-Bau bildet den kongenialen Rahmen für die dort ausgestellten Werke.*

## Unbequeme Realität

Die vielen herausragenden Werke erlauben einen Gang durch die französische Kunstgeschichte in der zweiten Hälfte des 19. Jh., beginnend etwa mit »Die Ährenleserinnen« (1857) von Jean-François Millet, ein Bild, das damals als subversiv galt, denn es zeigt keine ländliche Idylle, sondern ganz prosaisch die harte Arbeit in der Landwirtschaft.

»Das Frühstück im Grünen« (1863) von Édouard Manet wurde wegen des provozierenden Motivs zum Skandalerfolg; mehr noch schockierte »Olympia« (1865), da die Abgebildete eindeutig eine käufliche Pariser Kurtisane war, die den Betrachter überdies noch unverfroren anstarrt, statt passives Objekt seines Voyeurismus zu bleiben. Skandalträchtig war auch das Gemälde »Der Ursprung der Welt« (1866) von Gustave Courbet, der in Nahsicht einen weiblichen Akt mit gespreizten Schenkeln zeigt.

Der »Bal du Moulin de la Galette« (1876) von Jean Renoir mit einer sommerlichen Szene im Tanzlokal wurde zum Inbegriff des volkstümlichen Montmartre wie auch Toulouse-Lautrecs Skizzen aus dem Moulin Rouge.

**Impressionistische Highlights:** Auch von Paul Cézanne, Paul Gauguin, Camille Pissarro, Georges Seurat, Alfred Sisley, Vincent van Gogh und Henri Rousseau besitzt das Museum wunderbare Werke. Unter den zahlreichen Werken Claude Monets verdienen »Der Bahnhof Saint-Lazare« sowie einige Gemälde der »Kathedrale von Rouen«-Serie besondere Beachtung. Ein weiteres Werk, dem Sie einen zweiten Blick widmen sollten, ist Edgar Degas großformatiges **»Die Familie Bellelli«.** Allein die Blickrichtungen der Abgebildeten sprechen Bände über ihre familiären Beziehungen.

## #4 Das Musée d'Orsay

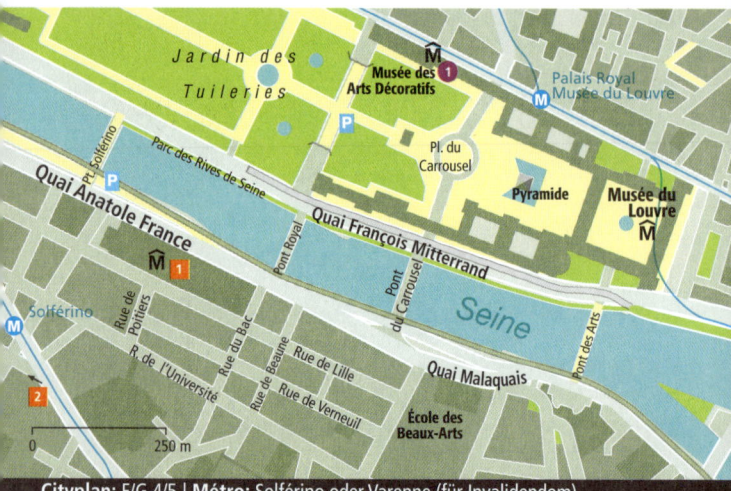

**Cityplan:** F/G 4/5 | **Métro:** Solférino oder Varenne (für Invalidendom)

### INFOS/ÖFFNUNGSZEITEN

**Musée d'Orsay** 1: 62, rue de Lille, 7. Arr., www.musee-orsay.fr, Di/Mi, Fr–So 9.30–18, Do 9.30–21.45 Uhr, 12/9 €, EU-Bürger bis 25 Jahre frei

**Invalidendom/Musée de l'Armée** 2: Esplanade des Invalides, 7. Arr., www.musee-armee.fr, Métro: Varenne, Nov.–März tgl. 10–17, April–Okt. 10–18, Dom 7.30–19, Di bis 21 Uhr, 12/10 €; mit **Musée des Plans et Reliefs** (Modelle von Festungen; www.museedesplansreliefs.culture.fr)

### AUF EINEN APÉRITIF?

Über die Fußgängerbrücke Passerelle de Solférino ist man schnell in den Tuilerien. Dort sitzt man bei schönem Wetter sehr angenehm im Restaurant **Loulou** 1 auf der Terrasse mit Blick ins Grüne (im Musée des Arts Décoratifs, 107, rue de Rivoli, T 01 42 60 41 96, www.loulou-paris.com, tgl. 12–2 Uhr), vor allem nachmittags zum Tee oder zum Cocktail mit oder ohne Alkohol. Hier soll Beyoncé angeblich gerne Kaffee und Kuchen zu sich nehmen, wenn sie in Paris weilt – vielleicht begegnen Sie ihr ja.

**ÜBRIGENS**

Majestätisch erhebt sich der **Invalidendom** 2 mit der weithin sichtbaren vergoldeten Kuppel, unter der Napoleon seine letzte Ruhe fand. Nebenan, im **Musée de l'Armée** im Hôtel des Invalides, sind Waffen, Rüstungen, Uniformen ausgestellt.

### Den flüchtigen Moment einfangen

»Die Parkettschleifer« (1875) von Gustave Caillebotte wirken wie eine städtische Antwort auf Millets Ährenleserinnen. Auf den ersten Blick könnte man das Gemälde für eine Fotografie halten, für eine flüchtige Momentaufnahme dreier auf dem Fußboden arbeitender Männer.

Seine Ausbildung an der Pariser Kunstakademie hatte Caillebotte übrigens bereits nach einem Jahr abgebrochen, um sich der Gruppe der Impressionisten um Edgar Degas, Claude Monet und Auguste Renoir anzuschließen und sie zugleich als wohlhabender Mäzen zu fördern.

# Besuch bei der eisernen Dame – **der Eiffelturm**

Ohne Eiffelturm ist ein Parisbesuch kein Parisbesuch. Aber muss man wirklich rauf? Bei klarem Wetter lautet die Antwort in jedem Fall: ja! Der Turm ist nicht ohne, erst in den 1930er-Jahren löste das New Yorker Chrysler Building ihn als Rekordhalter ab. Aber keine Angst: Statt der Treppe können Sie auch den Aufzug nehmen!

Die ›alte Dame‹ ist beliebt: Je nach Saison heißt es hier kürzer oder länger Schlange stehen. Während im Winter ›nur‹ rund 9000 Besucher täglich den **Eiffelturm** 1 besteigen wollen, ist der August mit 35 000 Touristen pro Tag schon ein logistisches Problem für die Betreibergesellschaft. Im Sommer empfiehlt es sich daher, gleich morgens zu kommen – oder auch spätabends, wenn Paris im Dunkeln so schön leuchtet.

»Es ging ganz einfach und ganz schnell: Ein Eisengießer, Herr Eiffel, Dessen Talent man lang verkannt, Kam eines Tages angerannt, Und bat mich sehr, ihm zu vertraun, Er wollt ein Monument erbauen, So riesig hoch, daß jeder starre, Und offenen Munds vor ihm verharre.« Ob Monsieur Eiffel dieses anonym verfasste Liedchen kannte, ist fraglich …

## #5 Der Eiffelturm

## Nur als Hochformat

Es lohnt sich, das Pariser Wahrzeichen von der Métro-Station Trocadéro aus anzusteuern. Gleich nach dem Auftauchen aus der U-Bahn erreicht man mit der Oberwelt auch den Panoramablick auf den Eiffelturm. Wer hier aussteigt, steht auf einer leichten Anhöhe oberhalb der Seine und hat von der Terrasse zwischen den beiden Flügeln des **Palais de Chaillot** 2 einen wunderbaren Blick auf den 324 m hohen Turm (inkl. Antenne). Der Standort ist auch fürs Fotografieren ideal, denn das ist klar: Je näher dran, desto schwieriger wird es, den Turm auch nur ins Hochformat zu bannen.

*Knapp 10 000 t Spezialstahl ließ Eiffel für seinen Turm verbauen.*

## Dem Ingeniör ist nichts zu schwör

Den eisernen Turm konstruierte der Ingenieur und Brückenbauer Gustave Eiffel (1832–1923): In nur zwei Jahren wurden 18 000 Einzelteile mit 2,5 Mio. (!) Nieten zusammengefügt. Fertig wurde das Bauwerk für die große Weltausstellung und die Hundertjahrfeier der Französischen Revolution im Jahr 1889. Die ›Dame de fer‹, seinerzeit das höchste Gebäude der Welt, war zunächst nur als Provisorium für eine Dauer von 20 Jahren geplant. Und tatsächlich gefiel die kühne Konstruktion zuerst auch nur den wenigsten, im Gegenteil, der ›überdimensionale Brückenpfeiler‹ löste heftige Proteste aus. »Das Schlimmste an ihm ist«, klagte Guy de Maupassant, »dass man ihn von überall in Paris sieht.« Vor dem Abriss retteten den Turm dann die neue Funktechnik und

### NOCH WAS

Wenn Sie lieber nachts einen Blick auf die **Lichter der Stadt** werfen möchten – kein Problem. Auch lange nach Eintreten der Dämmerung können Sie noch zu den Aussichtsplattformen hinauf. Wie das Montparnasse-Hochhaus ist auch der Eiffelturm abends in der Regel bis 23 Uhr für Besucher geöffnet, im Hochsommer sogar bis Mitternacht.

*›Scherenschnitt‹ von der Eiffelturm-Plattform*

# Der Eiffelturm #5

**Cityplan:** B–D 4–6 | **Métro:** Trocaderó, Bir Hakeim oder La Tour Maubourg

INFOS/ÖFFNUNGSZEITEN

**Eiffelturm** ❶: Champ de Mars, 7. Arr., www.tour-eiffel.fr, Jan.–12. Juni, Sept.–Dez. tgl. 9.30–23, Aufgang über die Treppe nur bis 18, 13. Juni–Aug. 9–24 Uhr (jeweils der letzte Einlass, geöffnet ist noch 45 Min. länger), Tickets nur Treppe: 10,20/5,10/2,50 €; mit Fahrstuhl: zur 2. Etage 16,30/8,10/4,10 €, zur 3. Etage 25,50/12,70/6,40 €, Buchung: ticket.toureiffel.fr

**Egouts de Paris** ❹: 93, quai d'Orsay, am Pont de l'Alma, www.paris.fr, ab Juli 2020 nach Renovierung wieder zugänglich

---

STÄRKUNG FÜR DIE TURMBESTEIGUNG

Die traditionsreiche Brasserie **Thoumieux** ❶ (79, rue Saint-Dominique, 7. Arr., T 01 47 05 79 00, https://brasserietoumieux.fr, tgl. 12–14.30, 19–23 Uhr, Hauptgerichte 20–39 €) unweit des Eiffelturms stammt aus den 1920ern. Eine der coolsten Ess-Adressen, das Restaurant **Les Ombres** ❷ mit einem tollen Blick auf den Eiffelturm, befindet sich auf dem Dach des Musée du Quai Branly (27, quai Branly, T 01 47 53 68 00, www.lesombres-restaurant.com, tgl. 12–14.15, 19–22.30 Uhr, Menü 71, mittags 42 €).

Sehr angesagt ist auch **Les Grands Verres** ❸ (im Palais de Tokyo, 13, av. du Président Wilson, www.quixotic-projects.com, T 01 42 89 88 10, tgl. 12–14.30, 19–23, Bar 19–1 Uhr, Cocktails 12 €). In dem Restaurant im New-York-Style wird der 13 m lange Tresen abends zum In-Treff.

---

ihre strategische Bedeutung im Ersten Weltkrieg. Und über die Jahre wurde aus dem ursprünglichen Ärgernis das markante Wahrzeichen von Paris – unübersehbar und aus dem Stadtbild nicht mehr wegzudenken.

## #5 Der Eiffelturm

**Hätten Sie's gedacht?** Einst exerzierten auf dem **Champ de Mars** 3, der ›Marsfeld‹ genannten lang gezogenen Grünfläche zu Füßen des Eiffelturms, Soldaten der Ecole Militaire, die am anderen Ende der Grünanlage liegt. Später, im 19. Jh., fanden hier die großen Weltausstellungen statt, heute dient es bei Großereignissen wie der Fußball-EM dem Public Viewing.

*Schnell die Handyfotos gecheckt, ist er auch ganz drauf, der Turm?*

### Eiffelsucht

Erst in den 1930er-Jahren löste das Chrysler Building in New York den Eiffelturm als Rekordhalter ab – es geht also ganz schön weit in die Höhe. Zu Fuß über die Treppen erreicht man die erste Plattform in 57 m Höhe und gelangt auch zur zweiten in 115 m – gezählt wurden 704 Stufen. Ein französischer Triathlet hält den Rekord mit 7 Min. 50 Sek., aber auch Mountainbiker, Einrad- und Rollstuhlfahrer haben die Herausforderung schon angenommen. Der Turm scheint nicht nur Filmemacher und Maler zu reizen, sondern auch Sportler mit Hang zum Extremen, ob Fallschirmspringer, Flieger oder Seiltänzer.

Seit ein Teil des Bodens der ersten Plattform durch Glas ersetzt wurde, legen sich junge Besucher für Selfies auch schon mal lang hin – unten wuseln die Menschen ameisengroß hin und her. Für Normalbürger führen Aufzüge im Dickicht der Eisenträger nach oben bis zur dritten Plattform in 276 m Höhe. Die oberste Etage lohnt sich zwar nur bei ausgesprochen klarer Sicht, dann aber kann man weit über die Pariser Vororte hinausschauen.

*Zu jeder vollen Stunde leuchtet und glitzert der mit Tausenden Scheinwerfern bestückte Eiffelturm für ganze 5 Min. Ein tolles Spektakel – eindrucksvoll auch, wenn man sich in der ersten oder zweiten Etage befindet, dann ist man mittendrin!*

> **→ UM DIE ECKE**
>
> Das labyrinthartige Kanalisationsnetz von Paris, **Egouts de Paris** 4, ist insgesamt satte 2600 km lang und teilweise begehbar. Das Abwassersystem der Hauptstadt (inkl. einiger Vororte) muss etwa 2,5 Mio. m³ Schmutzwasser pro Tag entsorgen. Es sorgte für Aufsehen, als sich Mitte der 1980er-Jahre ein 1 m langes Krokodil in die Kanalisation geflüchtet hatte. Und auch im Jahr 2000 suchten Kanalarbeiter erneut nach einem Krokodil – ohne allerdings fündig zu werden.

# Auf der Zielgeraden – die Champs-Elysées

Die Champs-Elysées sind Flaniermeile und ›Schaufenster der Nation‹. In einem Meer von blau-weiß-roten Trikoloren findet die Militärparade am 14. Juli statt, Tausende von Menschen umjubeln den Zieleinlauf von Tour de France und Paris-Marathon oder strömen an Silvester auf die Straße, um den Beginn des neuen Jahres zu feiern – kurz: Der Boulevard ist eines der Aushängeschilder der Stadt.

Bis in die 1960er-Jahre war die breite Allee von klangvollen Namen der Haute Couture und der Finanz, von großen Premierenkinos und mondänen Restaurants gesäumt. Doch zuletzt hatten die ›**Elysischen Felder**‹ 1 an Glanz eingebüßt, die »Süddeutsche« sprach gar von einem »Boulevard banal«. Nach einer aufwendigen Erneuerung er-

*Für ihn birgt die berühmteste Prachtmeile der Welt, die Champs-Elysées, vermutlich die Hoffnung, für sich und seinen Hund das Geld fürs Abendessen zusammenzubekommen.*

## #6 Die Champs-Elysées

**Cityplan: B–E 2–4 | Métro:** Concorde, Charles de Gaulle Etoile oder George V

INFOS/ÖFFNUNGSZEITEN

**Arc de Triomphe** 4 : Place Charles de Gaulle-Etoile, 8. Arr., www.paris-arc-de-triomphe.fr, Okt.–März tgl. 10–22.30, April–Sept. tgl. 10–23 Uhr, 12/10 €

**Musée Jacquemart-André** 5 : 158, bd. Haussmann, www.musee-jacquemart-andre.com, tgl. 10–18, Café Jacquemart-André, 12–17.30 Uhr, 14,50/13,50/11,50/9,50 €

**Guerlain** 1 : 68, av. des Champs-Elysées, 8. Arr., www.guerlain.com, Mo–Sa 9–19 Uhr

KÖSTLICH UND KOSTSPIELIG

Bekannt für vorzüglichen Schokoladenkuchen, feine Patisserie und seine Macarons, hat das **Café Ladurée** 1 auf den Champs-Elysées eine Filiale eröffnet. Das vornehme Ambiente passt zu den umliegenden Luxusläden und der betuchten Klientel – die Rechnung auch (Nr. 75, 8. Arr., www.laduree.fr, Mo–Do 7.30–23.30, Fr 7.30–0.30, Sa 8.30–0.30, So 8.30–23.30 Uhr). Filialen auch im Kaufhaus Printemps (9. Arr.), in der Rue Jacob (6. Arr.), Haupthaus in der Rue Royale (1. Arr.).

*Blick ins Schaufenster von Louis Vuitton: »Es ist vorbei für die kleinen Geschäfte auf den Champs«, klagen die Ladenbesitzer. »Sie wollen uns nicht mehr. Die Avenue ist nur noch für die Großen da.«*

lebt die Prachtavenue nun eine Renaissance: Vuitton und andere Luxusboutiquen kehrten zurück, elegante Cafés wie **Ladurée** 1 eröffneten Filialen und der Parfümeur Guerlain ein luxuriöses Spa. Der Autohersteller Renault hat im Showroom auch ein Lokal eingerichtet, die Galeries Lafayette eröffneten eine Dependance, Disney, Adidas und der Fußballclub Paris Saint-Germain (PSG) sind mit Flagship-Stores vertreten.

## Platzhirsche des Luxus

Das **Triangle d'Or** 2, die schicken Seitenstraßen der Champs-Elysées, sind als Luxus-Modemeile zuständig für die ganz teuren Träume. Das Who-is-who der Designer ist hier Tür an Tür vertreten: Balenciaga und Balmain, Cardin und Courrèges, Dior und Givenchy, Lacroix und Lapidus, Ricci, Rochas und Ungaro. Auf Preisschilder wird im ›Goldenen Dreieck‹ gnädig verzichtet – wie auch jenseits

**Die Champs-Elysées** *#6*

der Champs-Elysées, wo in der Rue du Faubourg Saint-Honoré nicht nur der französische Staatspräsident Hollande im **Elysée-Palast** 3 amtiert, sondern sich auch Chanel, Chloé, Ferré, Prada und Saint-Laurent niedergelassen haben.

## Zum Ruhme der Revolutionsheere

Den mächtigen **Arc de Triomphe** 4 ließ Napoleon 1806 nach dem Sieg von Austerlitz zu Ehren der französischen Armee errichten. Seit 1920 erinnert unter dem Bogen das Grabmal des unbekannten Soldaten an die Toten des Ersten Weltkriegs. Von der Dachterrasse in 50 m Höhe schweift der Blick weit über das historische Paris bis zur Wolkenkratzerskyline von **La Défense** (▶ S. 82). In der Ferne erkennt man den modernen Triumphbogen Grande Arche, der die Achse vom Louvre über die Champs-Elysées bis hinter den Périphérique verlängert. Von oben wird auch deutlich, warum der runde Platz früher Place de l'Etoile hieß: Sternförmig gehen zwölf Avenuen von hier ab.

*Arc de Triomphe*

> **→ UM DIE ECKE**
>
> Das **Musée Jacquemart-André** 5 lohnt den Abstecher zum Boulevard Haussmann. Das prächtige Stadtpalais des 19. Jh. vermittelt die Atmosphäre einer privaten Residenz und präsentiert die Privatsammlung von Edouard André und Nélie Jacquemart, darunter Werke der italienischen Renaissance, der flämischen Meister und der französischen Schule des 18. Jh. Sehr beliebt ist das **Café Jacquemart-André** im ehemaligen Esszimmer, wo Sie sich inmitten kostbarer Gemälde an köstlichster Pâtisserie laben können.

2016 wurde die Nase des Chef-Parfümeurs von Guerlain mit dem deutschen Parfümpreis ausgezeichnet. Thierry Wasser entwarf so erfolgreiche Düfte wie »Iris Ganache«, »Idylle« oder »La Petite Robe Noire«. Der französische Kosmetikkonzern **Guerlain** , 1828 gegründet und damit eines der ältesten Parfümhäuser der Welt, unterhält seinen Flagship-Store an den Champs-Elysées. 2014 eröffnete das neu gestaltete Spa über dem luxuriösen Geschäft wieder seine Tore. Lassen Sie sich verwöhnen – wenn Sie es sich leisten können …

*Er ist allgegenwärtig in der Stadt: der Eiffelturm, ob klein oder groß, echt oder plakatiert wie hier zu Werbezwecken auf einem Bus vor dem Arc de Triomphe.*

# 7

# Das Lächeln der Lisa – der Louvre

**Und ewig lächelt die Mona Lisa! Für Kunstfreunde ein Muss – der Louvre besitzt Meisterwerke aller Epochen und Kontinente und gilt heute als größtes Museum der Welt. Seine Weitläufigkeit und die Vielfalt einzigartiger Zeugnisse aus 6000 Jahren sind nicht zu unterschätzen. Dass man, um alles auch nur flüchtig anzuschauen, ungefähr eine Woche brauchen würde, ist kein Grund, gar nicht erst hineinzugehen.**

*Anlässlich einer Kunstaktion ließ der Pariser Aktionskünstler JR die Glaspyramide vor dem Louvre hinter einer riesigen Fotografie verschwinden. Diese zeigt die Fassade des Palais du Louvre, der alten Residenz der französischen Könige. Der Künstlername JR übrigens steht für »Juste Ridicule« (Einfach lächerlich).*

Sie sollten entweder nur bestimmte Werke aufsuchen oder ziellos herumschlendern – denn alle der auf drei Flügel verteilten Exponate sehen zu wollen ist schlichtweg entmutigend. Immerhin sprechen wir hier von einer Ausstellungsfläche von knapp 60 000 m². Der Tipp für Museumsgenuss statt Frust: den Besuch mit einem Bummel durch den Tuilerien-Park kombinieren. Und den **Louvre** 1 beim nächsten Mal wieder besuchen.

# Der Louvre

## Sammellust und Beutekunst

Ursprünglich als Residenz des Königs erbaut, wurde das Schloss 1793 im Zuge der Französischen Revolution als Museum für das Publikum geöffnet. Den Grundstock für eine der größten und bedeutendsten Kunstsammlungen der Welt bildeten die Sammlungen der französischen Könige. Die Säkularisierung kirchlicher Kunst in der Französischen Revolution, konfiszierter Privatbesitz adliger Emigranten und Kunstraub im großen Stil (der napoleonische übertrifft fast den der römischen Kaiser) ergänzten die Ausbeute absolutistischer Sammelleidenschaft. Vivant Denon (1747–1825), der Napoleon auf den Ägyptenfeldzug begleitet und einen reich illustrierten Reisebericht darüber veröffentlicht hatte, wurde denn auch der erste Generaldirektor des Louvre.

## Die drei Damen vom Louvre

Besonders die antiken Altertümer der Sammlung genießen Weltruf. Zu den bedeutendsten Werken gehören der babylonische »Kodex Hammurabi«, das älteste noch existierende Gesetzeswerk, eine schwarze Basaltstele (um 1700 v. Chr.). In einem glasüberdachten Innenhof im Richelieu-Flügel, der Cour Khorsabad, kommen die 30 t schweren, monumentalen Wandreliefs aus dem Palast von König Sargon II. (8. Jh. v. Chr.) in Assyrien gut zur Geltung.

Ägyptische Grabbeigaben, Mumien und Sarkophage geben Zeugnis vom Totenkult der Hochkultur am Nil. Der Reichtum der Ägyptischen Abteilung ist so groß, dass sie allein den Besuch des Museums lohnt. Berühmt ist der hockende Schreiber, der fast 4500 Jahre unversehrt überstanden hat.

In der Abteilung ›Griechisches, römisches und etruskisches Altertum‹ sind die »Venus von Milo« und die »Nike von Samothrake«, beide aus dem 2. Jh. v. Chr., vermutlich die meistfotografierten steinernen Damen der Welt.

Ein großer, geometrisch-stilisierter Kopf von den Kykladen (2700 v. Chr.) wirkt in seiner fast abstrakten Schlichtheit überraschend modern, während die etruskischen Exponate wie der Terrakotta-Sarkophag eines Ehepaars zeitlos schön sind.

*Frankreichs Polit- und Kunstprominenz versammelte sich anlässlich einer Eröffnung 2016 in der Pyramide Pei des Louvre. Der Bau der gläsernen Pyramide vor 30 Jahren war umstritten und von viel Polemik begleitet. Doch letztlich war die Verjüngungskur des Louvre, zu der auch der Bau der Pyramide zählt, ein voller Erfolg; jährlich zählt der Louvre gut 9 Mio. Besucher.*

## #7 Der Louvre

Kein anderes Museum weltweit hat so viele Besucher wie der Louvre – im Durchschnitt rund 23 000 pro Tag. Vor der Glaspyramide bildet sich dann eine lange Warteschlange, in der man teils länger als eine Stunde anstehen muss. Als evtl. **schnellere Alternativen** bieten sich der Zugang über die Métro-Station und die unterirdische Ladenzeile Carrousel du Louvre oder über die Porte des Lions (zur Seine hin) an. Stets schneller sind Sie mit einem **online im Voraus gebuchten Ticket** – und können an der Schlange vorbeimarschieren.

### Und es ward Licht!

Mit den Glasdächern über den ehemaligen Innenhöfen hat viel Licht Einzug ins Museum gehalten. Cour Puget und Cour Marly sind (neben mehr als 30 weiteren Sälen) der französischen Skulptur gewidmet – hier stehen Arbeiten des 16. bis 18. Jh., u. a. die originalen »Pferde von Marly«, vier Skulpturengruppen, für die auf der Place de la Concorde Kopien aufgestellt wurden.

Daneben gibt es eine Fülle romanischer und gotischer Werke, Skulpturen von Jean Goujon und Germain Pilon, den französischen Meistern der Renaissanceplastik. Berühmtestes Werk der italienischen Skulpturensammlung sind die »Sklaven« (1513–20) von Michelangelo, die der Bildhauer für das Grabmal von Papst Julius II. in Rom schuf (in der Galerie Michel-Ange).

### Wo ist die kleine Lisa?

Angesichts der Vielzahl bedeutender Kunstwerke lassen sich selbst ›Stars‹ wie die »Mona Lisa« (1503–06) von Leonardo da Vinci nur noch willkürlich herausgreifen. Wer sie endlich lächeln sieht, ist vielleicht ein wenig enttäuscht, wie klein sie ist. Geordnet sind die Gemälde nach nationalen Schulen, jeweils chronologisch vom 13. bis zum 19. Jh.: französische Malerei, italienische und spanische Malerei sowie nordeuropäische Malerei. Um eine Vorstellung von der Größenordnung zu geben – allein die französische Schule umfasst über 70 Säle. Da es unmöglich ist, alle anzusehen, bleibt also nur die Wahl zwischen zufälligen Entdeckungen oder gezielter Suche – vielleicht nach den Gemälden des Landschaftsmalers Lorrain (Mitte 17. Jh.), der »Spitzenklöpplerin« von Jan Vermeer (1665), Werken von Fra Angelico, Georges de la Tour, Caravaggio, Raffael, Rubens, Goya oder den großformatigen Gemälden des 18. und 19. Jh. wie »Der Schwur der Horatier« (1784) von David, »Das Floß der Medusa« (1819) von Géricault und »Die Freiheit führt das Volk an« (1830) von Delacroix.

*Die Glaspyramide des Louvre*

### Kunst, so weit die Füße tragen

Von der zentralen Allee der **Tuilerien-Gärten** 2 öffnet sich der Blick über die Champs-Elysées bis zum Triumphbogen in La Défense. Der als Flanierpromenade beliebte Park vermittelt mit den Skulpturen und Blumenrabatten, Boulespielern,

# Der Louvre #7

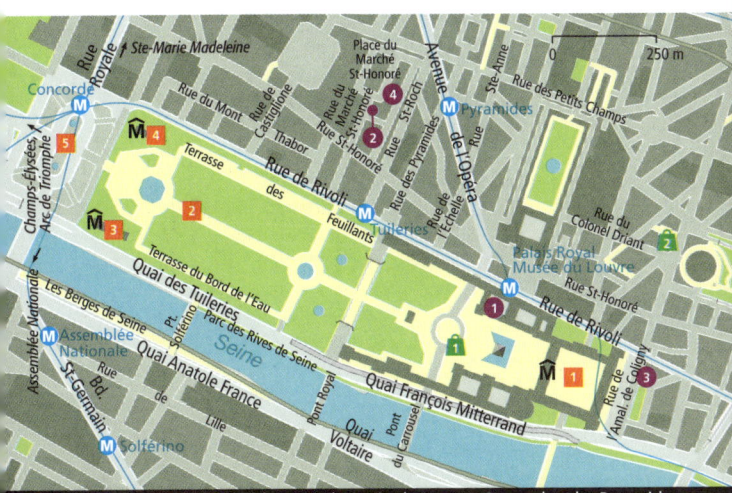

**Cityplan: F/G 4/5 | Métro:** Palais Royal Musée du Louvre, Concorde oder Pyramides

## INFOS/ÖFFNUNGSZEITEN

**Louvre** 1 : Rue de Rivoli, 1. Arr., www.louvre.fr, Do, Sa–Mo 9–18, Mi, Fr 9– 21.45 Uhr, 17/15 €; EU-Bürger bis 25 Jahre frei. Eingang durch die Glaspyramide oder – von der Métro-Station direkt unterirdisch – durch die Ladenpassage Carrousel du Louvre.

**Musée de l'Orangerie** 3 : Jardin des Tuileries, www.musee-orangerie.fr, Mi–Mo 9–18 Uhr, 9/6,50 €, EU-Bürger bis 25 Jahre frei

**Jeu de Paume** 4 : Jardin des Tuileries, www.jeudepaume.org, Di 11–21, Mi–So 11–19 Uhr, 10/7,50 €

**Carrousel du Louvre** 1 : 1. Arr., www.carrouselddulouvre.com

**Galerie Véro-Dodat** 2 : Rue Jean-Jacques-Rousseau, 1. Arr.

---

## SO VIEL KUNST MACHT HUNGRIG

Das elegante **Café Marly** 1 unter den Arkaden des Louvre bietet Logenplätze mit Blick auf die Glaspyramide (93, rue de Rivoli, 1. Arr., T 01 49 26 06 60, www.cafe-marly.com/fr, tgl. 8–2 Uhr, um 50 €). Auf der Karte leichte Küche – so exklusiv wie die Lage sind auch die Preise.

Wer ein paar Schritte gehen mag, kann auf das urige **Le Rubis** 2 ausweichen (10, rue du Marché St-Honoré, 1. Arr., T 01 42 61 03 34, Mo–Fr 7–22, Sa 9–16 Uhr, ab 15 €). Mittags sorgt die bunte Mischung der Gäste für eine lebhafte Stimmung; im Sommer auch draußen. Neokolonial hingegen wirkt das **Fumoir** 3 (6, rue de l'Amiral-de-Coligny, 1. Arr., www.lefumoir.com, T 01 42 92 00 24, tgl. 11–2 Uhr, Menü mittags 30 €), mit großen, gemütlichen Ledersesseln ein idealer Platz für eine Rast. Mit der Bar und einem als Bibliothek eingerichteten Raum scheint das Lokal einem Bild von Hopper entsprungen (der große Tresen wurde angeblich aus Philadelphia importiert). Für ein leichtes Mittagessen muss man meist erst mal um einen Platz anstehen, netter ist daher ein Stopp auf einen Cocktail oder zum Tee.

Im Bistrot **Absinthe** 4 (24, pl. du Marché St-Honoré, 1. Arr., www.restaurantabsinthe.com, T 01 49 26 90 04, Mo–Fr 12–14.15, 19–22.15, Sa 19–22.45 Uhr, Menü 45 €), das zum Reich von Sternekoch Michel Rostang gehört. Auf der Karte finden sich Bistroklassiker, im Winter gibt's *cocottes* (kleine Schmortöpfe).

#7 **Der Louvre**

*Stau vor der Kunst: Nur selten bestaunen weniger als 80 Besucher die Mona Lisa, die durch dickes Panzerglas vor zu viel Neugier und Nähe geschützt wird. »Im Winter ist es hier leerer«, lautet der Tipp eines erfahrenen Wärters.*

den überall verteilten grünen Gartenstühlen, Minisegelbootverleih und einem Karussell für Kinder eine heitere Atmosphäre.

Auch im Tuilerien-Garten lockt Kunst vom Feinsten: in dem **Musée de l'Orangerie** 3 Gemälde von Matisse, Renoir und Cézanne, darunter als berühmteste die großformatigen Seerosenbilder von Monet. Im **Jeu de Paume** 4, dem einstigen königlichen Ballspielhaus, Video-, Foto- und Multimediakunst.

### ›Platz der Guillotine‹

Jenseits der großen schmiedeeisernen Gartentore braust der Verkehr. Die weitläufige **Place de la Concorde** 5 besticht mit dem aus Luxor stammenden ägyptischen Obelisken in der Mitte sowie acht Statuen, die französische Städte darstellen, und dem viel fotografierten Brunnen. Vor allem aber wirkt sie durch die Blickachsen zur Assemblée Nationale (Nationalversammlung) und zur Madeleine, über Champs-Elysées und zum Louvre. Während der Revolution wurden hier 1119 Personen hingerichtet, darunter König und Königin, Danton, Robbespierre.

→ UM DIE ECKE

Unterirdisch wurde die große Eingangshalle unter der Glaspyramide um das **Carrousel du Louvre** 1 erweitert. In der Einkaufsgalerie mit Métro-Anschluss gibt es eine gut sortierte Kunstbuchhandlung und andere Läden mit Designobjekten und Accessoires.

Die stille und nur matt erleuchtete **Galerie Véro-Dodat** 2 wirkt noch fast original – so viel Patina hat sie sich im Lauf der Jahre zugelegt. Kult-Schuhmacher Christian Louboutin (▶ S. 103) und ein paar Antiquitätenhändler haben sich hier in ihren Ladenlokalen niedergelassen.

*Obelisk am Place de la Concorde*

# Wandeln in gläsernen Welten – **die Galerie Vivienne**

**# 8**

**Von den einst über 100 Pariser Passagen, die zu Beginn des 19. Jh. angelegt wurden, sind die meisten verschwunden. Einige wenige, die die Jahrzehnte halb vergessen überdauerten, haben Denkmalschützer inzwischen gerettet. Glasdächer und Holzvertäfelungen wurden sorgsam restauriert und verwandelten die Galerien wieder in lichte Einkaufswelten mit luxuriösen Ladenlokalen.**

Nur knapp 20 der altmodischen, meist zwischen 1820 und 1840 erbauten Passagen gibt es noch. Ein Reiseführer von 1852 bezeichnet diese quer durch Häuserblocks führenden, glasüberdachten Wandelgänge als »eine neuere Erfindung des industriellen Luxus« und »eine Welt im Kleinen, in der der Kauflustige alles finden wird, dessen er benötigt.«

*»Pour vos beaux yeux«, »Für Ihre schönen Augen« – Werbung für die Vintage-Collection eines Optikers in der Galerie Vivienne.*

# #8 Die Galerie Vivienne

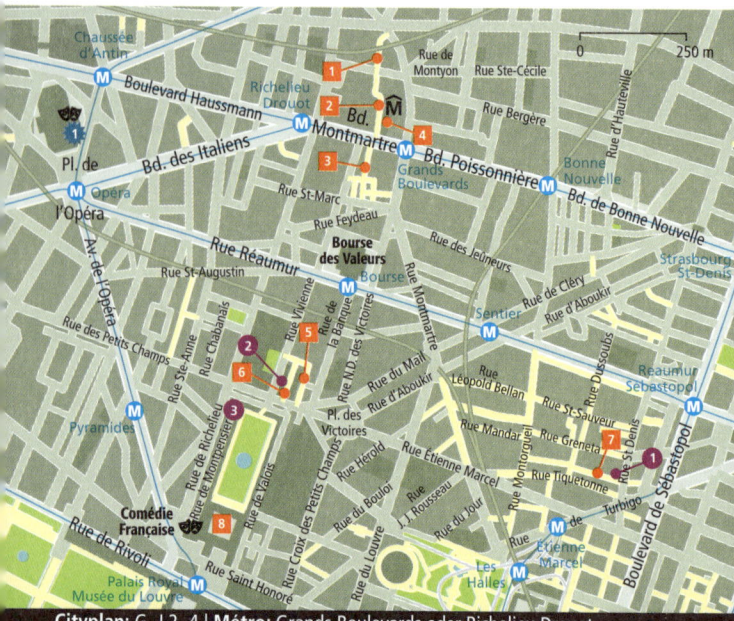

**Cityplan:** G–J 2–4 | **Métro:** Grands Boulevards oder Richelieu Drouot

INFOS/ÖFFNUNGSZEITEN

**Passage Verdeau** 1: 6, rue de la Grange-Batelière, Mo–Fr 7.30–21, Sa/So 7.30–20.30 Uhr
**Passage Jouffroy** 2: 10–12, bd. Montmartre, tgl. 7.30–21.30 Uhr
**Passage des Panoramas** 3: 11, bd. Montmartre, tgl. 6–24 Uhr
**Musée Grévin** 4: 10, bd. Montmartre, wechselnde Öffnungszeiten s. www.grevin-paris.com, 24,50/18,50 €
**Galerie Vivienne** 5: 4, rue des Petits-Champs, tgl. 8.30–20.30 Uhr
**Galerie Colbert** 6: 4, rue Vivienne, tgl. 8–20 Uhr
**Passage du Grand-Cerf** 7: 145 rue Saint-Denis, Mo–Sa 11–19 Uhr
**Palais Garnier** ✻: Place de l'Opéra, 9. Arr., www.operadeparis.fr, Métro: Opéra, tgl. 10–17 Uhr, 11/8 €

---

RUHIGE VERSCHNAUFPAUSE

Das **Le Pas Sage** 1 (145, rue Saint-Denis, 2. Arr., T 01 40 28 45 60, https://de-de.facebook.com/cafelepassage/, tgl. 10–20 Uhr) rahmt den an der Rue Saint-Denis gelegenen Eingang der Passage du Grand-Cerf. Das nette Bistro serviert zum Glas Wein mittags und abends auch Tapas oder Käseteller, Gemüse-Bowl oder Burger.
Filmreif ist die denkmalgeschützte Brasserie **Grand Colbert** 2 (4, rue Vivienne, 2. Arr., T 01 42 86 87 88, www.legrandcolbert.fr, tgl. 12–1 Uhr, Menü 38/47 €) von 1880. Mosaiken, Fresken, der Tresen und der hohe Raum ergeben ein eindrucksvolles, etwas überladenes Ambiente. Auf der Karte stehen vor allem Brasserie-Klassiker. Diane Keaton, Keanu Reaves und Jack Nicholson essen hier im Film »Was das Herz begehrt«.
Zum Draußensitzen empfiehlt sich der gut versteckte Teesalon **Muscade** 3 (36, rue de Montpensier, 1. Arr., www.muscadepalaisroyal.com, Di–Sa 11–20, So 11–18 Uhr) unter den Arkaden des Palais Royal. Zum Tee gibt's leckeren Zitronen-, Schokoladen- oder Rhabarberkuchen.

# Die Galerie Vivienne #8

## Trockenen Fußes und Hauptes

Zum Erfolg der überdachten Ladenstraßen trug nicht unwesentlich bei, dass sie Flaneuren auch an Regentagen Zuflucht boten. Vor Wind und Wetter geschützt, konnten sie trockenen Fußes spazieren gehen. Dazu kam das künstliche Licht, sodass die Pariser Dandys erstmals auch abends noch bummeln konnten – die exaltiertesten unter ihnen mit einer Schildkröte an der Leine.

Gerade mal ein halbes Jahrhundert dauerte die Glanzzeit der Passagen. Zu ihrem Niedergang trugen das Aufkommen der Kaufhäuser bei – Bon Marché, Printemps, Samaritaine und Galeries Lafayette eröffneten 1852, 1865, 1870 und 1899 – und der Erfolg der neuen Boulevards mit ihren breiten Bürgersteigen, Bäumen, Grünanlagen und Straßenlaternen, die anstelle der alten Stadtbefestigungen entstanden. Die Passagen gerieten allmählich in Vergessenheit, verfielen oder wurden abgerissen.

*Vermutlich bedeutete Jean-Paul Gaultier die Rettung für die Galerie Vivienne: Als er 1986 seinen Flagship-Store mit viel Tamtam in der Passage eröffnete, zogen andere Geschäfte nach. Heute birgt sein Ladenlokal eine empfehlenswerte Trattoria. Die Kellner des Daroco tragen Streifenshirts – eine Hommage an Gaultier.*

## Geheimtipp für Regentage

Drei der wenigen noch erhaltenen Passagen schließen aneinander an, **Passage Verdeau** 1, **Passage Jouffroy** 2 und die bereits 1799 eröffnete **Passage des Panoramas** 3, die man vom Boulevard Montmartre aus betritt. Philatelie- und Postkartengeschäfte, das Restaurant Canard et Champagne mit einer sehenswerten Second-Empire-Holzvertäfelung, der Spazierstockhändler Ségas, der wie eine Kulisse wirkende Eingang zum Hotel Chopin, ein Geschäft mit Stickvorlagen und Garnen und nicht zuletzt das Wachsfigurenkabinett des 1882 eröffneten **Musée Grévin** 4 mit rund 500 Figuren versetzen den Besucher in die Welt des 19. Jh. zurück.

## Rivalinnen

Mit ihrem Mosaikfußboden und dem durch das Glasdach matt gefilterten Tageslicht wirkt die **Galerie Vivienne** 5 selbst wie eine kostbare, wunderbar altmodische Vitrine. Diese Passage und die **Galerie Colbert** 6, zwei parallele und miteinander verbundene Pariser Ladenstraßen zwischen Rue Vivienne, Rue de la Banque und Rue des Petits-Champs, wurden 1823 bzw. 1828 erbaut. Und schon damals war hier das Antiquariat Siroux ansässig. In Pastelltönen restauriert, kommt das elegante klas-

> ▶ INFOS

Infos zur Galerie Vivienne: www.galerie-vivienne.com; zu Galerien allgemein: www.passagesetgaleries.org

## #8 Die Galerie Vivienne

*Heute können die Dandys getrost auch auf den Straßen flanieren ... Im 19. Jh. gab es kaum befestigte Straßen, und wer seine eleganten Lederschuhe nicht ruinieren wollte, für den waren die Galerien eine sichere Einkaufs-Alternative.*

ÜBRIGENS

Sie mögen es gerne prunkvoll? Dann sind Sie in der alten Oper richtig. Und hinzu kommt noch der Hörgenuss ... Wie die Passagen zählt das **Palais Garnier** 1 zu den beeindruckendsten architektonischen Hinterlassenschaften des 19. Jh. in Paris. Die von Charles Garnier erbaute und 1875 eingeweihte Oper wurde mit Marmor, Goldornamenten, Wandgemälden und viel rotem Samt üppig-luxuriös ausgestattet. Wer keine Karten für eine Aufführung bekommt, kann das prunkvollste Zeugnis des Zweiten Kaiserreichs tagsüber besichtigen.

sizistische Dekor wieder gut zur Geltung. Künstliche Blumen von Emilio Robba, geflochtene Möbelobjekte von Christian Astuguevieille und die renommierte Weinhandlung Legrand mit Barausschank und edlen Tropfen und Spirituosen im Angebot verlocken zum Schaufensterbummel – selbst zur Mittagszeit herrscht hier wohltuende Ruhe fernab des Großstadtgedrängels.

Möchten Sie noch etwas weiterbummeln? Nahe der Place des Victoires und in der Rue Etienne Marcel finden sich trendige Boutiquen, nette Cafés und alteingesessene Fachgeschäfte für Gastronomiebedarf (Mora, A. Simon, La Bovida).

### Dom aus Glas und Licht

Und auch die hübsche, 1825 erbaute **Passage du Grand Cerf** 7 ist nicht nur als Architekturhighlight einen Abstecher wert. Die meisten Läden haben sich auf Design und Kunsthandwerk spezialisiert: Asiatisches und Afrikanisches gibt es hier, Modeschmuck und Accessoires sowie das nette Weinbistro **Le Pas Sage** 1.

> **UM DIE ECKE**
>
> Schräg gegenüber der Passage Vivienne geht es jenseits der Rue des Petits-Champs ein paar Stufen hinunter zu einer versteckten Idylle: Das **Palais Royal** 8, einst für Kardinal Richelieu als Stadtpalais erbaut, verzaubert Sie mit einem ausgesprochen hübschen Garten in seinem Inneren. Diesen umsäumen elegante Arkaden mit Geschäften (von Stella McCartney bis Shiseido), Restaurants und ein Teesalon, der bei schönem Wetter zu einer Pause einlädt. Die heute ausgesprochen ruhigen Arkaden des Palais Royal können übrigens als Vorläufer der Passagen angesehen werden: Läden, Cafés, Wettbuden und Prostituierte sorgten im 18. Jh. für ein reges Treiben bei Tag und Nacht. Am anderen Ende der Grünanlage, dort wo die gestreiften Säulenstümpfe des Künstlers Daniel Buren aufgestellt wurden, grenzt die **Comédie Française** (▶ S. 108) an das Große Palais. Durch einen der südlichen Ausgänge gelangt man unmittelbar zur Rue de Rivoli und zum Louvre (Palais Royal, 8, rue Montpensier, Kernöffnungszeiten tgl. 7.30–20.30 Uhr).

# Raffinerie der Kunst – **Centre Pompidou**

**Aushängeschild des gigantischen, wie eine Raffinerie wirkenden Kulturzentrums ist das Museum für moderne Kunst, das den Vergleich mit dem MOMA in New York nicht zu scheuen braucht. Immer wieder grandios: durch die gläsernen Rolltreppenröhren nach oben schweben und den Blick auf Paris genießen!**

Schon von Weitem ist der wie eine Fabrik wirkende Koloss ein Fremdkörper in der historisch gewachsenen Umgebung des Hallenviertels. Und auch zum **Hôtel de Ville** 1 könnte der Kontrast nicht größer sein. Das Rathaus hat nach einem Brand Ende des 19. Jh. selbst ein ganz neues ›Outfit‹ bekommen: Es wurde von einem wohlproportionierten Renaissancegebäude zum monumentalen Neorenaissance-Klotz umgestaltet.

*Im Centre Pompidou wird sogar das Rolltreppefahren zum Erlebnis. Hoch und runter, hoch und wieder runter … Und der Blick auf die Stadt ist einmalig.*

# #9 Centre Pompidou

*Für Straßenmusikanten und Artisten ist der Vorplatz des Centre Pompidou ein beliebtes Pflaster.*

Den Blick über das Paris-Panorama schweifen lassen, danach über zeitgenössische Kunst … das alles für lau? Ganz genau! An jedem ersten Sonntag des Monats ist der Eintritt zum Musée d'Art Moderne und zum Panoramablick im Centre Pompidou für Groß und Klein frei.

Über die Rue du Renard geht es nach links, zum sehenswerten **Strawinsky-Brunnen** an der Südseite des Centre Pompidou. Die wasserspeienden Figuren von Jean Tinguely und Niki de Saint-Phalle sind ein fröhliches und viel fotografiertes Motiv.

## Inside out

Als das **Centre d'Art et de Culture Georges Pompidou** 2, auch Beaubourg genannt, 1977 seine Tore öffnete, wurde über seine Industrieästhetik heftig gestritten. Der Bau von Renzo Piano und Richard Rogers mit den außen verlegten, bunt lackierten Versorgungsrohren für Wasser, Elektrizität und Belüftung schockierte, ließ er doch eher an eine Raffinerie denken. Doch schon bald entwickelte sich die gigantische, 42 m hohe und 166 m lange ›Kulturfabrik‹ zu einem anhaltenden Publikumserfolg: Über 25 000 Besucher kommen im Schnitt pro Tag – statt der nur erwarteten 5000. Zur Jahrtausendwende umfassend renoviert, hat das Centre nun schon gut 40 Jahre auf dem Buckel.

## Pariser Dächer

Der großartige Ausblick von der sechsten Etage auf die Pariser Dachlandschaft ist Belohnung für die an den Kassen im großen und stets belebten Foyer verbrachte Wartezeit. Mit den Rolltreppen in den raupenartigen Plexiglasröhren, die außen am Gebäude hinaufführen, gleitet man in die oberen Stockwerke, um dann von einer kleinen Plattform die Aussicht zu genießen. In der Ferne

*Eine Landschaft für sich sind die kunstvoll aus Zink und Schiefer gefertigten Dächer auf den Pariser Altbauten. Auf schmalen Simsen zeigen tönerne Schlote wie kleine Orgelpfeifen in den Himmel.*

## Centre Pompidou #9

thront Sacré-Cœur auf dem Montmartre, zu Füßen liegt das Häusermeer von Paris.

### Singapur und Shanghai – oh, là, là!

Flaggschiff des Centre Pompidou ist das **Musée d'Art Moderne** 3, das auf rund 14 000 m² und zwei Stockwerken zeitgenössische Kunst zeigt. Neben den Klassikern der Moderne des gesamten 20. Jh. – von Braque über Léger, Matisse, Miró und Kandinsky bis zu Picasso – ist eine weitere Etage jungen Künstlern und ihren Werken gewidmet.

Die große, rund 50 000 Objekte umfassende Sammlung mit ihren prall gefüllten Magazinen wird immer mal umgehängt und wieder neu präsentiert. In Metz eröffnete der erste ›Satellit‹ des Pompidou, und auch in Singapur und Shanghai will man sich in naher Zukunft präsentieren – so wie das die Guggenheim-Kollektion schon seit Jahren vormacht.

*Der Wasser speiende Totenkopf gehört zu den 16 Einzelplastiken des Strawinsky-Brunnens, den Niki de Saint-Phalle und Jean Tinguely bunt und fröhlich mit ihren Kreationen bestückten.*

### INFOS/ÖFFNUNGSZEITEN

**Centre d'Art et de Culture Georges Pompidou** 2: Place Beaubourg, 4. Arr., www.centrepompidou.fr, Mi–Mo 11–21 Uhr, Museum/Ausstellungen 14/11 €, Zugang zur Aussichtsplattform 5 €, freier Eintritt unter 26 Jahren

### AUF IN DIE MODERNE

Das **Restaurant Georges** 1 (www.restaurantgeorgesparis.com, T 01 44 78 47 99, Mi–Mo 12–24 Uhr, à la carte um 50 €) mit Terrasse in der obersten Etage des Centre Pompidou wurde futuristisch mit viel Aluminium gestaltet. Mittags ist weniger los, am Abend sollte reserviert werden. Zu später Stunde legen DJs auf.
Das **Café Beaubourg** 2 (100, rue Saint-Martin, 4. Arr., T 01 48 87 63 96, cafebeaubourg.com, tgl. 8–2, Küche bis 24 Uhr, Hauptgerichte 14–26 €) ist das moderne Äquivalent zu den historischen Literatencafés in Saint-Germain. Schöne Terrasse mit Blick auf das Centre Pompidou.

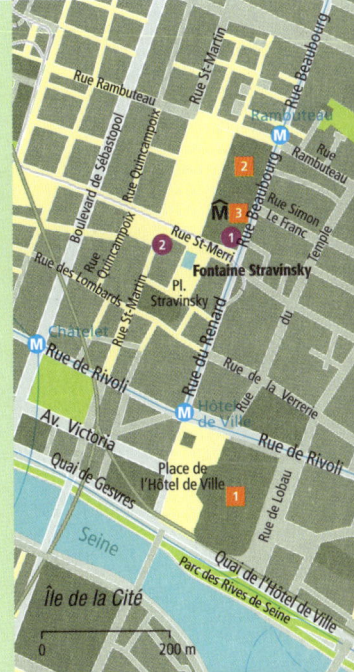

**Cityplan:** J 4–6 | **Métro:** Hôtel de Ville oder Rambuteau

# 10

# Der Glanz einer anderen Zeit – **Place des Vosges**

**Der geschlossene Platz mitten im Marais bezaubert durch seine fast perfekte Symmetrie wie durch seine vornehme Zurückhaltung. Früher wohnten hier Minister, Prinzen, Adlige – fast wähnt man sich im 17. Jh. und vermutet hinter jeder Fassade tödlich endende Duelle, erotische Intrigen in den Boudoirs, nächtliche Überfälle vermummter Unbekannter, geistreiche Konversationen und rauschende Ballnächte.**

*Breitkrempige Hüte galten den Damen des 17. Jh. als »très chic«, etwas schmalere Modelle können die Pariserinnen heutzutage beim sonntäglichen Bummel an der Place des Vosges erstehen.*

Die eindrucksvolle **Place des Vosges** 1 wurde unter Heinrich IV. angelegt und, gestaltet nach den Bauvorgaben des Königs höchstpersönlich, im Jahre 1612 eingeweiht. Ausdrücklich hatte er angeordnet, dass in der Mitte der (später umbenannten) Place Royale eine große Fläche frei gelassen werden sollte, um Gelegenheit zum Promenieren zu geben, und bald entwickelte sich der Platz zum Treffpunkt der eleganten Welt, bot Raum für große höfische Feste und ritterliche Aufzüge.

**Place des Vosges** *#10*

## Schöner wohnen

Das bis auf einen Straßendurchbruch intakt gebliebene architektonische Ensemble besticht durch seine harmonisch-symmetrische Gestaltung – elegante Renaissancepavillons aus roten Ziegeln umschließen eine kleine Grünanlage. Die Arkaden im Erdgeschoss der Häuser nutzen ein paar Bistros als Terrasse und Galerien zeigen Kunst. Die Gebäude gleichen einander, ohne wirklich identisch zu sein; ihre roten Ziegel stehen in reizvollem Kontrast zu den Fensterrahmungen aus weißen Steinen und den dunklen Dächern aus Schiefer. Insgesamt umrahmen 36 Häuser den Platz, neun an jeder Seite mit jeweils zwei Stockwerken und Arkaden im Erdgeschoss. Deutlich höher sind nur der Pavillon du Roi und der Pavillon de la Reine, die für König und Königin erbaut wurden.

*Darf betreten werden: der Rasen an der Place des Vosges.*

## Der französische Goethe

An der Place des Vosges Nr. 6 verbrachte auch der Romancier, Dramatiker und Publizist Victor Hugo (1802–85) 16 Jahre seines Lebens. Mitte des 19. Jh. wurde er aus Frankreich verbannt und ging ins Exil auf die Kanalinseln. Seine Wohnung an der Place des Vosges ist heute als Museum für Besucher geöffnet. In der **Maison de Victor Hugo** 2 werden Zeichnungen und Illustrationen sowie rekonstruierte Wohnräume gezeigt. Für die Franzosen einer ihrer Nationalschriftsteller, ist der in deutschsprachigen und anderen Ländern vor allem durch die zahllosen Verfilmungen seiner Romane »Der Glöckner von Notre-Dame« und »Les Misérables« bekannt.

## Gut versteckt

In der südwestlichen Ecke der Place des Vosges führt ein unauffälliger Durchgang in den Garten des **Hôtel de Béthune-Sully** 3 und ermöglicht einen Blick auf dessen rückwärtige Fassade. Seine Front wendet das prächtige Hôtel der Rue Saint-Antoine zu. Das Stadtpalais stellt nicht zuletzt aufgrund seiner kraftvoll akzentuierten Schaufront ein herausragendes Beispiel für die frühbarocke Architektur zu Zeiten Ludwigs XIII. dar. Der restaurierte dreiflügelige Bau (1625 begonnen) mit dem typischen Grundriss eines aristokratischen Stadtdomizils gehört heute der Stadt und beherbergt das **Centre des Monuments Nationaux,** den Verwaltungssitz des französischen Denkmalpflegeamtes. Durch

Wenn Sie ausgiebig bummeln möchten, empfiehlt sich das **Marais,** eines der ältesten Viertel der Hauptstadt mit vielen herrschaftlichen Adelsresidenzen. Der lebhafte Stadtteil mit vielen Bars und Boutiquen, Galerien und Restaurants ist eines der attraktivsten Viertel von Paris. In den benachbarten Straßen wie der Rue des Francs-Bourgeois sind zudem auch sonntags die Geschäfte geöffnet und zugleich die Autos verbannt. Das nutzen viele Pariser für eine Shoppingtour an ihrem freien Tag.

#10 **Place des Vosges**

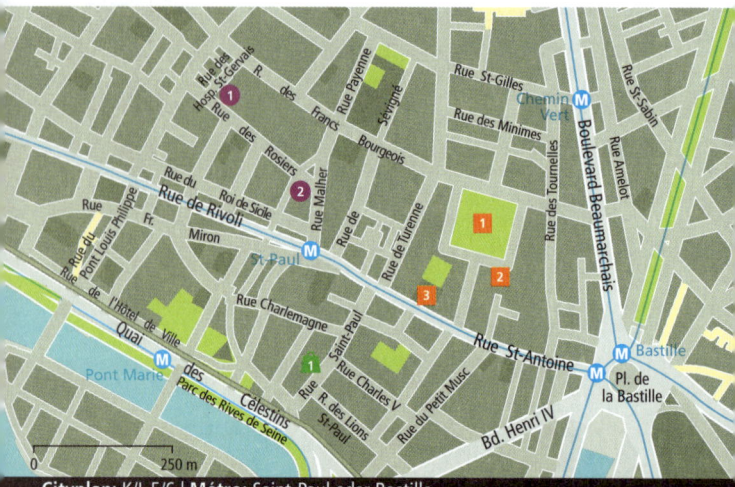

**Cityplan:** K/L 5/6 | **Métro:** Saint-Paul oder Bastille

INFOS/ÖFFNUNGSZEITEN

**Maison de Victor Hugo** ❷: 6, pl. des Vosges, 4. Arr., www.maisonsvictorhugo.paris.fr, Di–So 10–18 Uhr, Eintritt frei für die Dauerausstellung, 6–8 € für Wechselausstellungen, unter 18 Jahre frei

---

AUSSERGEWÖHNLICHE ATMOSPHÄRE

Im jüdischen Lokal **Chez Marianne** ❶ (2, rue des Hospitalières-Saint-Gervais/Ecke rue des Rosiers, 4. Arr., T 01 42 72 18 86, tgl. 11.30–24 Uhr, um 20 €) kann man sich individuell Vorspeisenteller zusammenstellen, mit Auberginen, Sesam, Hummus, Falafel, Kefta (Fleischbällchen), Tarama (Creme aus gesalzenem Fischrogen), eingelegter Paprika oder Salat. Dazu den hauseigenen Gamay und zum Abschluss Pfefferminztee. Die Falafel sollen angeblich die besten der Stadt sein. Trotz oder wegen des Flohmarktambientes ist **Le Loir dans la Théière** ❷ (3, rue des Rosiers, 4. Arr., leloirdanslatheiere.com, tgl. 9–19.30 Uhr, Brunch 19,50 €) ein sehr beliebter Teesalon im jüdischen Viertel von Paris – am Wochenende ist jeder Platz belegt. Aber unter der Woche kann man in riesigen abgewetzten Sesseln plaudern und sich ganz den Kuchen, Salaten oder Gemüsequiches widmen.

---

FUNDSTÜCKE

**Village Saint-Paul** 🛍: ca. 40 Händler; Rue Saint-Paul, 4. Arr., www.village-saint-paul.com, Do–Mo 11–18 Uhr

---

den Garten mit Orangerie und das Hauptgebäude gelangt man in den vorderen Hof und zur Rue Saint-Antoine.

→ UM DIE ECKE

Wer gerne nach Raritäten oder Wertvollem stöbert: Im **Village Saint-Paul** 🛍 laden in Hinterhöfen versteckte Trödel- und Antiquitätenläden zum Stöbern ein.

# Frischluft statt Métro-Mief – **im Osten von Paris**

**Startklar? Die französische Metropole lässt sich auch vom Sattel aus erkunden. Eine Radtour führt in den Pariser Osten, wo sich derzeit städtebaulich und szenemäßig am meisten tut.**

Citybikes auszuleihen ist ganz einfach! Seit Vélib' eingeführt wurde und an fast jeder Ecke und nie mehr als 300 m entfernt ein günstiges Leihrad gemietet werden kann, sind auch die Pariser begeisterte Fahrradfahrer.

### ›Zone des konzentrierten Ausbaus‹

Lange vernachlässigt, sind die Viertel im Osten der Hauptstadt nun Objekt hochgesteckter städteplanerischer Ambitionen. Ende der 1980er-, Anfang der 1990er-Jahre besann man sich auf

*Die Pariser haben die Seine-Ufer für sich entdeckt und nutzen die Sprühduschen von ›Paris Plages‹ an heißen Sommertagen zum Abkühlen.*

## #11 Im Osten von Paris

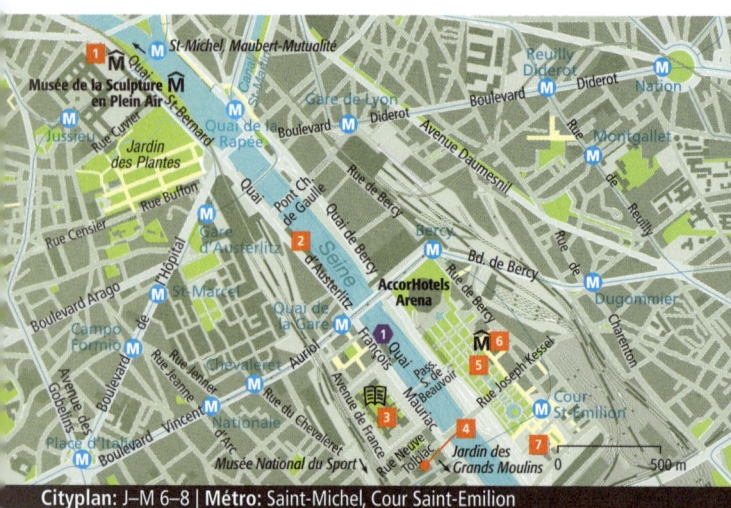

**Cityplan:** J–M 6–8 | **Métro:** Saint-Michel, Cour Saint-Emilion

INFOS/ÖFFNUNGSZEITEN

**Cité de la Mode et du Design** ❷: 28–36, quai d'Austerlitz, 13. Arr., www.citemodedesign.fr, tgl. 10–24 Uhr
**Nationalbibliothek (Bibliothèque Nationale)** ❸: Quai François-Mauriac, 13. Arr., www.bnf.fr, Mo 14–20, Di–Sa 9–20, So 13–19 Uhr, mit Wechselausstellungen
**Cinémathèque Française** ❻: 51, rue de Bercy, 12. Arr., www.cinematheque. fr, Mi–Mo 12–19 Uhr, Eintritt Ausstellungen 5/6 €, erm. 4/5 €, Kinoprogramm Mi–Mo

SCHWIMMEN ›AUF‹ DER SEINE

**Piscine Joséphine-Baker** ❶: Port de la Gare, quai François Mauriac, T 01 56 61 96 50, Öffnungszeiten s. www.paris. fr/equipements/piscine-josephine-baker-2930, 6,50 € (2 Std.), erm. 3,20 €

*Von der Passerelle Simone de Beauvoir haben Sie das Finanzministerium im Blick.*

die brachliegenden oder industriell genutzten Areale jenseits der Gare d'Austerlitz und der Gare de Lyon. Finanzministerium und AccorHotels Arena kündeten zuerst von den Veränderungen, dann wurde der Parc de Bercy angelegt. Gegenüber, am anderen Ufer der Seine, wurde die neue Nationalbibliothek erbaut. Unlängst öffnete die Cité de la Mode et du Design ihre Pforten, in und um die Grands Moulins entstanden ein Park und die neue Universität. Anders als im Büroviertel La Défense zieht das hier auch die Szene an – Galerien in der Rue Louise Weiss, Musikschiffe am Seine-Ufer, Programmkinos, Veranstaltungsorte wie den ›Betonsalon‹ oder hippe Ausgehadressen. Das Projekt ›ZAC Rive Gauche‹ (Zone d'Amenagement Concerté) wird wohl noch für

# Im Osten von Paris #11

einige Jahre das größte Bauvorhaben der französischen Hauptstadt bleiben.

## Den Drahtesel treten

Los geht es auf Höhe von Notre-Dame, vorbei an der Batobus-Haltestelle am Seine-Quai und unter mehreren Brücken hindurch. Linker Hand liegt die Île Saint-Louis, rechts erhascht man gleich hinter dem Pont de la Tournelle einen Blick auf das Glasgebäude des **Institut du Monde Arabe** 1 (▶ S. 28), das seinen ›Bug‹ dem Fluss zuwendet.

Ein paar Hausboote dümpeln am Seine-Ufer, insgesamt wohnen Hunderte von Parisern auf ausgebauten Lastkähnen im Zentrum und in den Vororten. Liegeplätze sind rar und gesucht, obwohl auch ein schwimmendes Zuhause ein kleines Vermögen kostet. Doch waren die Immobilienpreise derart in die Höhe geschossen, dass in den 1980er- und 1990er-Jahren, als sie noch halbwegs erschwinglich waren, die Schiffe regelrecht in Mode kamen.

Durch den **Skulpturengarten** am Quai Saint-Bernard geht es weiter Richtung Osten, auch den **Jardin des Plantes** lassen wir rechter Hand liegen und radeln weiter bis zur Gare d'Austerlitz.

## Talentschmiede

Gleich hinter der Brücke Charles de Gaulle entstand in Lagerhallen direkt an der Seine die **Cité de la Mode et du Design** 2, auch ›Les Docks‹ genannt. Zur Modehochschule gesellen sich auch Cafés, Restaurants und Clubs wie das Café OZ Rooftop, Nuits Fauves und Wanderlust (▶ S. 61), die bis weit nach Mitternacht die Seine beschallen.

›Sport im Käfig‹ ist vielerorts auf den Straßen zu sehen. Diese Einrichtungen erlauben Kindern und Jugendlichen das sichere Ballspiel.

Bestechend schön ist die Fassade des Institut du Monde Arabe mit ihren ›Moucharabiehs‹. Diese Blenden werden je nach Sonnenstand automatisch geöffnet und geschlossen. Sie zitieren die traditionelle arabische Baukunst: Ursprünglich erlaubten diese Blenden den Frauen, das Leben auf der Straße zu betrachten, ohne selbst gesehen zu werden.

*#11*

*Open-Air-Museum Paris: Street-Art in Seine-Nähe. Die französische Hauptstadt hält ihren Rang als eine der weltbesten Städte urbaner Kunst.*

## Frankreichs Gedächtnis

Der Architekt Dominique Perrault entwarf die neue **Nationalbibliothek 3** mit vier riesigen Türmen, die aufgeschlagene Bücher darstellen sollen. Mit rund 13 Mio. Büchern, Manuskripten, Zeitschriften, Karten und Plänen ist hier seit 1995 das ›Gedächtnis Frankreichs‹ untergebracht. Die neue Nationalbibliothek ist eines der letzten gigantischen Neubauprojekte der Ära Mitterrand. Der Entwurf, ein riesiger Gebäudekomplex mit einem Garten im Innern, war heftig umstritten, weil die Leser unter die Erde verbannt, die Bücher aber in den 100 m hohen Ecktürmen der Sonne ausgesetzt wurden. Zum Spott der Nation wurde mit Fensterläden nachgerüstet.

*›Les Docks‹, Ikonenarchitektur am Seine-Ufer*

## Industriearchitektur revisited

Lange war **Tolbiac** (13. Arr.) ein Viertel, das kein Reiseführer empfahl. Nur Lesern von Léo Malet war die triste Ecke hinter der Gare d'Austerlitz ein Begriff: als Tatort in seinem Krimi »Brücke im Nebel«. Jetzt wird rings um die Nationalbibliothek gebaut, werden alte Gemäuer modernisiert, was das Zeug hält. Gleich nebenan haben in den Betonbauten **Les Frigos 4**, ehemaligen Kühlhäusern aus den 1920er-Jahren, rund 200 Künstler ihre Ateliers eingerichtet (keine offiziellen Ausstellungsräume). Ansonsten ist alles neu, neben Wohnbauten entstand ein neuer Park, der **Jardin des Grands Moulins,** und ein Teil der Universität zog in Halle aux Farines und Grands Moulins, alte Getreidemühlen und Speicherhäuser.

Am Seine-Quai ankern sowohl das Schwimmbadboot **Joséphine-Baker 1** als auch zu Clubs umfunktionierte Schiffe wie das Nix Nox oder das Petit Bain. Auf den breiten Quais davor kann man sommertags bei schönem Wetter in Lokalen einkehren oder sich mit einem Cocktail im Liegestuhl räkeln. Bei Sonne wirkt Paris hier sehr entspannt und urlaubsmäßig!

# Im Osten von Paris #11

## Park unter Platanen

Seit 2006 führt eine elegant geschwungene Fußgängerbrücke, die **Passerelle Simone de Beauvoir**, von der neuen Nationalbibliothek über die Seine zum **Parc de Bercy** 5, der auf dem früheren Gelände der Weinhändler entstand. Einst wurden über den Fluss Weinfässer aus ganz Frankreich hierher nach Bercy transportiert. Die edlen Tropfen von der Loire und aus dem Bordelais wurden in sog. Chais, oberirdischen Weingewölben, eingelagert und weiterverkauft. Einst der größte Weinhandelsplatz Europas, begann sein Niedergang mit dem der Lastschifffahrt. Heute rollt über die Straße, was früher auf dem Wasserweg transportiert wurde.

*Studenten und Wissenschaftler, Bücherwürmer und Bibliothekare mühen sich Tag für Tag die breiten Treppen der Nationalbibliothek hinauf.*

An der Stelle der alten Lagerhäuser entstanden ein Tagungs- und Handelszentrum, ein Multiplexkino, die Mehrzweckhalle AccorHotels Arena für Sport- und Musikevents und ein modernes Gebäude von Stararchitekt Frank O. Gehry, in das die **Cinémathèque Française** 6 einzog. Hier wird mit Kulissen und Kostümen, Drehbüchern, Filmstills und Plakaten Kinogeschichte lebendig. Das Filmarchiv sammelt, restauriert und führt alte Filmkopien vor. Auf 13 ha des Geländes entstand außerdem ein schöner Park, in den restaurierte Lagerhallen und alter Platanenbestand integriert wurden. Bei Sonne findet sich hier sicher ein schöner Platz im Grünen, um zu picknicken und sich für die Radeletappe zurück wieder fit zu machen.

## Landpartie

Wollen Sie Ihre Energiespeicher lieber in einem Lokal wieder aufladen, empfiehlt sich ein Abstecher ins **Village de Bercy** 7 am Ostrand des Parks. Dort sind einige Restaurants und Läden in die Chais eingezogen. Beliebt sind vor allem die Terrassen der Cafés und Bistros – an einem sonnigen Sommertag wähnt man sich auf einem Ausflug aufs Land! Man kann sein Rad schon an der hiesigen Vélib'-Station abstellen und zurück die Métro ab der Station Cour Saint-Emilion nehmen – die neueste Linie Nr. 14, auch Méteor genannt, verkehrt automatisch, ohne Fahrer! Oder es geht zurück per Rad, nun am anderen Seine-Ufer entlang, vorbei an der AccorHotels Arena. Am Port de Plaisance, dem Bootshafen auf dem Canal Saint-Martin, biegt man ab und gelangt bis zur Bastille.

Sonntags ist der beste Tag für Radtouren, da es deutlich weniger Verkehr gibt und einige Straßen und Stadtviertel komplett für den motorisierten Verkehr gesperrt sind. Am Seine-Ufer tummeln sich dann unzählige Jogger, Skater, Radfahrer und Fußgänger. **Paris respire,** »Paris atmet (auf)«, heißt diese Aktion, bei der das ganze Viertel, etwa im Marais oder im Quartier Latin, zur autofreien Zone werden. Auch Sentier, Canal Saint-Martin, Montmartre, einmal monatlich auch die Champs-Elysées und weitere Bereiche gehören sonntags den Fußgängern und Radfahrern.

# Steinernes Labyrinth für Unsterbliche – **der Cimetière du Père Lachaise**

**Père Lachaise: Der Name ruft Emotionen und Erinnerungen wach. Jede und jeder kennt jemanden, der hier begraben liegt. Auf dem größten Pariser Friedhof ruhen Maler, Dichter und Musiker in friedvoller Stille. Außer Sie kommen dem Grab von Jim Morrison nahe …**

*Allerheiligen: Familienmitglieder besuchen ihre verstorbenen Angehörigen auf dem Père Lachaise, dem größten der Pariser Friedhöfe.*

… da könnte es etwas geräuschvoller zugehen. Denn der legendäre Sänger der Doors besitzt auch Jahrzehnte nach seinem Tod noch eine treue Fangemeinde. Das Grab des gerade 27 Jahre alt gewordenen Idols seiner Generation (6. Div.) ist das wohl meistbesuchte des Friedhofs. Um nächt-

# Der Cimetière du Père Lachaise #12

liche Eindringlinge abzuwehren, bestückten die Behörden die Außenmauer des Friedhofs gar mit Eisenspitzen. Pilgerströme zieht es auch zu einem schlichten Grab, an dessen Seite die Inschrift »Madame Lamboukas dite Edith Piaf« Aufklärung darüber gibt, welches Volksidol hier verehrt wird: der ›Spatz von Paris‹ (97. Div.).

## ›Gräbertourismus‹

Mit einem solchen ›Run‹ auf die Gräber werden die Stadtväter wohl schwerlich gerechnet haben, als sie den **Cimetière du Père Lachaise** 1 Anfang des 19. Jh. anlegen ließen. Eigentlich wirkt der parkartige, auf einem hügeligen Gelände angelegte Friedhof ein wenig melancholisch und sehr romantisch. Mit seinen vielen Mausoleen und Grabplastiken, den kopfsteingepflasterten Wegen und den schattigen Alleen bildet er fast eine Stadt in der Stadt. Besonders im Sommer ist der weitläufige Friedhof eine beinahe mediterran wirkende grüne Idylle. Und von dort oben hat man an klaren Tagen auch einen schönen Ausblick auf Paris.

## Mahnmale

In der südöstlichen Ecke des Friedhofs erinnert die **Mur des Fédérés** 2 an die Pariser Kommune 1871 und die letzten ›Föderierten‹, die in einem blutigen Gemetzel von Regierungstruppen exekutiert wurden. Alljährlich im Mai wird ihrer hier gedacht. Eine Reihe bedrückender Mahnmale gleich in der Nachbarschaft (77. und 97. Div.) erinnert an die in Konzentrationslagern umgekommenen Opfer der Nazis.

## Grabkunst und Kinderwunsch

Ein Spaziergang über den Père Lachaise muss nicht nur den Toten gelten, man kann auch einfach umherschlendern und die vielen kuriosen, bombastischen oder pathetischen Grabplastiken Unbekannter betrachten, darunter trauernde Ehefrauen, weinende Engel, ägyptische Pyramiden, Obelisken. Eine große Fangemeinde zumindest in spiritistischen Kreisen hat etwa ein Grabmal in Form eines Dolmens, verspricht doch das Handauflegen auf die Büste des Druiden Allan Kardec (44. Div.) die Erfüllung aller Wünsche. Frauen mit unerfülltem Kinderwunsch wiederum streicheln die Bronzestatue des Journalisten Vic-

**ÜBRIGENS**

»Der einzige Weg, eine Versuchung loszuwerden, ist, ihr nachzugeben.« Das sagte einst Oscar Wilde, der auch auf dem Friedhof begraben liegt. Einer Versuchung nachgeben – das taten zahlreiche weibliche Fans genau hier, an seinem Grab. Über und über bedeckten sie den Grabstein mit feuchten Küssen und hinterließen Oscar ihre Liebesbekundungen. Seit 2011 ist das nicht mehr möglich: Eine Glaswand trennt seitdem Frau(en) und Grab. Seither finden sich Lippenstiftspuren an den nahen Bäumen …

*Graffiti am Grab von Jim Morrison. Friedhofswärter haben ein besonderes Auge darauf – wie man sieht, können sie die Ehrbekundungen für den Rockstar auch nicht immer verhindern.*

## #12 Der Cimetière du Père Lachaise

**ÜBRIGENS**

Zu den **illustren Toten** gehören der Erfinder des Fallbeils Joseph Ignace Guillotin (19. Div.), Baron Haussmann (4. Div.), der die großen Boulevards anlegen ließ, der Komponist Frédéric Chopin (11. Div.), die Schauspielerinnen Simone Signoret und Sarah Bernhardt, der Sänger Yves Montand (alle drei 44. Div.), die Schriftsteller Honoré de Balzac (48. Div.) und Marcel Proust (85. Div.), die Maler Eugène Delacroix (49. Div.) und Camille Pissarro (7. Div.) und und und.

toir Noir (1848–70; 92. Div.). Während die Liegefigur überall sonst von grüner Patina überzogen ist, schimmert die markante Beule in der Lendengegend glänzend metallisch.

### Bleiberecht für die Ewigkeit

Im Jahr 1804 entstand – damals noch außerhalb – der heute mit rund 47 ha größte Pariser Friedhof. Zuvor waren Beinhäuser in unmittelbarer Nähe der Pfarrkirche üblich gewesen. 1817 wurden Molière und La Fontaine hierher umgebettet (25. Div.), die Echtheit der Gebeine wird allerdings inzwischen angezweifelt. Seither wurde der Friedhof letzte Ruhestätte so vieler Berühmtheiten, dass er sich zur Wallfahrtsstätte entwickelte und eine *concession à perpétuité*, ein Bleiberecht für die Ewigkeit, heute nur noch für VIPs zu erwerben ist.

Vorbei am **Kolumbarium** 3, hier wird u.a. die Urne von Isadora Duncan aufbewahrt, geht es zum Grabmonument von Oscar Wilde (89. Div.). Der irische Schriftsteller lebte in Paris im Exil und starb einsam in seinem Hotel in der Rue des Beaux-Arts. Sein Grab indes ist heute eines der meistbesuchten.

**INFOS/ÖFFNUNGSZEITEN**

**Cimetière du Père Lachaise** 1: Boulevard de Ménilmontant, 20. Arr., www.pere-lachaise.com, Mo–Sa 8.30–18, So 9–18, Nov.–März 9–17.30 Uhr

**SCHMACKHAFT SCHMAUSEN**

Trotz der abgelegenen Lage hat sich herumgesprochen, dass man im **Yard** 1 (6, rue de Mont-Louis, 11. Arr., T 01 40 09 70 30, www.yard-restaurant.com, Mo–Fr 12.30–14.30, 19.30–22.30, Sa/So 12.30–16.30 Uhr, Hauptgerichte um 30 €) gut essen kann. Das Yard ist eher New Yorker ›Eatery‹ mit offener Küche als klassisch-französisches Bistro. Im **Lou Tiap** 2 (81, rue de Bagnolet, 20. Arr., T 01 43 70 77 93, www.loutiap.fr, Di, Do–Sa 12–14, 19.30–22.30, Mi 19.30–22.30 Uhr, Menü 36 €) prägen die Küche des Südwestens und frische saisonale Gerichte die Speisekarte.

**Cityplan:** östl. M 4 | **Métro:** Père Lachaise

# Schlaflos in Paris – **die Rue Oberkampf**

**# 13**

**Seit das Café Charbon die Rue Oberkampf zur angesagten Clubbing-Adresse machte, sind viele weitere Szenekneipen und Musikclubs dorthin gezogen. Die leicht ansteigende Straße gehört zu Ménilmontant, dem Pariser Stadtteil, in dem einst Edith Piaf aufwuchs.**

Paris ist ständig in Bewegung, verändert sich. Was auch generell gilt, trifft für das Nachtleben ganz besonders zu. Noch vor ein paar Jahren war das Bastille-Viertel en vogue und als nächtliche Amüsiermeile beliebt, vor allem die Rue de Lappe und ihre Nachbarstraßen. Doch sobald Touristen und Vorstädter überhandnehmen und Szenekneipen wegen steigender Mieten kurzlebiger werden, zieht das Völkchen der *branchés*, der Pariser Trendsetter, weiter und sucht sich ein neues Lieblingsquartier zum Ausgehen. Zum Beispiel Ménilmontant im Nordosten der Stadt: Bis

*Livemusik im Favela-Chic – zu (fast) jedermanns Freude.*

## #13 Die Rue Oberkampf

*Beliebt bei Nachteulen: das Café Charbon in einer ehemaligen Kohlenhandlung (charbon), das die Türen meist bis 4 Uhr morgens offen hält und bis kurz vor Morgengrauen ordentlich brummt.*

vor Kurzem war das Viertel ein eher schäbiges Quartier fernab des (reichen) Zentrums. Die Mieten waren günstig, denn vor allem Einwanderer aus Asien, Nord- und Schwarzafrika bevölkerten diesen vernachlässigten und eher armen Stadtteil zwischen dem 11. und dem 20. Arrondissement (Belleville).

### Der Vorreiter …

Vor einigen Jahren machte das **Café Charbon** ❶ den Anfang – eine junge Crew ›entstaubte‹ ein altes Bistro mit sehenswerter Einrichtung und verlieh der Rue Oberkampf neuen Auftrieb. Der große, hohe Raum mit der Patina von hundert Jahren Rauch, mit Kachelboden und dekorativen Regaleinbauten über der Bar hat es schon in mehrere Bildbände und Filme geschafft. Vorne trifft man sich zum Essen oder auf einen Cocktail, dahinter, im **Nouveau Casino,** gibt's nach Mitternacht Livemusik oder kleine Plattenlabel laden zur Party ein.

### … die Mitläufer …

Dem Beispiel folgten andere, zahllose neue Lokale und auch einige kleine Restaurants eröffneten. Zum Café Charbon (in Nr. 109) kam u. a. **La Mercerie** ❷ gleich gegenüber (in Nr. 98), eine Pizzeria, in der aber auch DJs für einen lauten, eklektischen Sound sorgen und die Happy Hour zwischen 19 und 21 Uhr die Pariser Preise etwas mildert.

Angesagt ist eine extravagante Mischung aus Sperrmüll-Recycling, Vintage und Hippie-Ambiente, wie man sie eher in Amsterdam oder Berlin vermuten würde – für das sonst sehr stylishe Paris ist dieser ›Shabby Chic‹ eher ungewöhnlich. An einem lauen Sommerabend am Wochenende bummeln hier junge Leute von Bar zu Bistro, bevor es zum Konzert oder Tanzen geht.

### … und die Konkurrenz?

Kein Wunder, dass sich auch in den Nachbarstraßen etwas tut, so beispielsweise in der Rue Saint-Maur und in der Rue Jean-Pierre Timbaud. In einem ehemaligen Gewerkschaftsgebäude wurde dort die **Maison des Métallos** ❸ eröffnet, ein Kulturzentrum, das Filme zeigt und Ausstellungen oder Konzerte organisiert.

---

▶ HÖREN UND LESEN

Der interaktive Internetradiosender **www.radiooooo.com** dürfte Musikfans gefallen: Auf einer Weltkarte kann man auf beliebige Länder klicken – auch auf Frankreich.
Auch unter **www.panamepodcast.com** gibt's was auf die Ohren (engl.) – die unbekannten und versteckten Seiten der Hauptstadt sind Thema (Paname ist ein Slangausdruck für Paris).

*Die Außenwand des Café Charbon wird alle zwei Wochen neu gestaltet. Le M.U.R. lädt seit über zehn Jahren Street-Art-Künstler dazu ein – mehr als 290 Graffiti, Paste-ups oder gesprühte Murals waren schon zu sehen (www.lemur.fr).*

Und dann ist da noch der ›Lebensmittelladen‹ **Alimentation Générale** ❸, der den Lokalen in der Rue Oberkampf Konkurrenz macht. In dem großen Raum – ebenfalls im Flohmarktstil – gibt's nicht nur Bier und Cocktails, sondern auch oft Livemusik von Newcomern; dann muss man für den Eintritt zwischen 6 und 21 € berappen.

### → UM DIE ECKE

Ebenfalls halb Restaurant, halb Club, mit südamerikanischem Touch: das **Favela Chic** ❷. Brasilianisches Essen, viel Cachaça in den Cocktails, und zum Brasil-Pop rockt zu später (oder sehr früher) Stunde das Publikum.

### ▶ LESESTOFF

Wo sonst gibt es typisch französische Köstlichkeiten und Spezialitäten aus aller Welt in solcher Fülle nebeneinander? Der Autor Danyel Couet nimmt uns auf einen Spaziergang durch das Paris der unterschiedlichsten Küchen mit: **Das Paris-Kochbuch. Kulinarische Weltreise durch die Quartiere.**

### Infos/Öffnungszeiten

**Café Charbon** ❶: 109, rue Oberkampf, 11. Arr., T 01 43 57 55 13, www.lecafecharbon.fr, Mo–Mi 8–2, Do 8–5, Fr/Sa 8–6 Uhr, Hauptgerichte 14–24 €; **Nouveau Casino**: T 01 43 57 57 40, www.nouveaucasino.net, Mi–Sa 0–5 Uhr
**La Mercerie** ❷: 98, rue Oberkampf, http://lamerceriebar.com, Mo–Mi 17–2, Do–Sa 17–5 Uhr, Gerichte 11–16 €
**Alimentation Générale** ❸: 64, rue Jean-Pierre Timbaud, T 09 81 86 42 50, www.alimentation-generale.net, Mi/Do, So 19–2, Fr/Sa 19–5 Uhr, So Brunch 25 €, Snacks
**Favela Chic** ❶: 18, rue du Faubourg du Temple, www.favelachic.com, Di–Do 19.30–2, Fr/Sa 19.30–5 Uhr

**Cityplan:** L/M 3–5 | **Métro:** Saint-Maur oder Parmentier

# Alles wie gemalt – **der Montmartre**

**Montmartre kann ein Traum sein, wenn man sich nur ein paar Schritte von Sacré-Cœur entfernt. Rund um die große Basilika und die benachbarte Place du Tertre gibt es auch noch idyllische Ecken – ganz so wie aus »Amélies Welt«.**

Das Künstlerviertel hat zwei Gesichter: eines, das jeder zu kennen glaubt, weil es zum hübschen Klischee geworden ist, und ein anderes, geradezu dörfliches. Inmitten der Großstadt bildet der Hügel eine kleine Welt für sich, mit einer steilen Marktstraße, der Rue Lepic, und der belebten Rue des Abbesses, dazwischen enge Gassen, steile Treppen, verträumte Ecken.

*Oh, là, là – Artistik am goldenen Faden, pardon: an der Straßenlaterne, und das mit atemberaubendem Blick vom Montmartre-Hügel über die ganze Stadt.*

## Schenkel schwenken

Die **Métro-Station Blanche** ist ein guter Startpunkt, um mit dem Spaziergang hügelaufwärts zu beginnen. Einst war der ›Balkon von Paris‹ für

# Der Montmartre #14

die populären Tanzveranstaltungen bekannt, für seine Cabarets und die Künstler, die hier an der Butte Montmartre lebten, Utrillo, Toulouse-Lautrec, Picasso, Van Gogh. Gleich hier am belebten Boulevard am Fuße des Montmartre steht man vor dem legendären Revuetheater **Moulin Rouge**, in dem sich noch immer allabendlich der Vorhang hebt. Seit 1889 schon existiert die ›Rote Mühle‹ im Pigalle-Viertel, die auch schon die Kulisse eines Kinofilms mit Nicole Kidman bildete. Heute sind die Revuen mit den langbeinigen und oft barbusigen Tänzerinnen vor allem eine Attraktion für Touristen, insbesondere aus Japan, den USA und Deutschland.

*Der unangefochtene Treffpunkt für Verliebte in der Stadt der Liebe ist ›Le mur des je t'aime‹ an der Place des Abbesses. In mehr als 300 (!) Sprachen sind an dieser Wand Liebesschwüre verewigt. Wem das nicht reicht, der schickt noch eine Liebeserklärung per Handy hinterher …*

## Amélies Welt

Steil geht es die **Rue Lepic** hinauf und hinein in die Welt von Amélie Poulain, Titelheldin eines Kinomärchens von Jean-Pierre Jeunet, der das Frankreich der kleinen Leute feiert. Statt Kunstinteressierten auf den Spuren von Van Gogh, Toulouse-Lautrec und Picasso pilgern nun die Filmfans zum Montmartre und schießen Handyfotos vom **Café des 2 Moulins**, in dem Amélie als Kellnerin jobbte. Durch die belebte **Rue des Abbesses** mit netten Bistros, vielen Lebensmittelläden, einem originalen Jugendstil-Métro-Eingang und der Backsteinkirche **Saint-Jean de Montmartre** bummelt man gemächlich bis zur Rue Chappe.

## … und unten Paris!

Noch weiter hinauf führt der Weg, ab der **Rue André Barsacq** über Treppen. Parallel dazu gibt es rechter Hand den **Funiculaire,** einen Schrägaufzug, mit dem man den Höhenunterschied komfortabler überwinden kann. An der Place Emile Goudeau, einem hübschen, von Bäumen beschatteten Platz, befand sich einst das Atelier von Picasso.

Oberhalb erreicht man **Sacré-Cœur**. Der neoromanisch-byzantinische Stil der 1919 geweihten Basilika wird häufig als ›Zuckerbäckerkitsch‹ verunglimpft – doch ist das weiße Bauwerk oben auf dem Montmartre-Hügel ein markantes Wahrzeichen der Stadtsilhouette. Und wenn die Kirche weiß vor blauem Himmel oder dunklen Wolken leuchtet, ist das ein ganz besonderer Moment. Über Treppen oder mit dem Funiculaire gelangt man hinauf und erlebt den eigentlichen Reiz der Kirche – den einmaligen Blick auf Paris. Auch wenn

*Ein Porträt als Souvenir ist schöner als in Fernost produzierter Kitsch.*

## #14 Der Montmartre

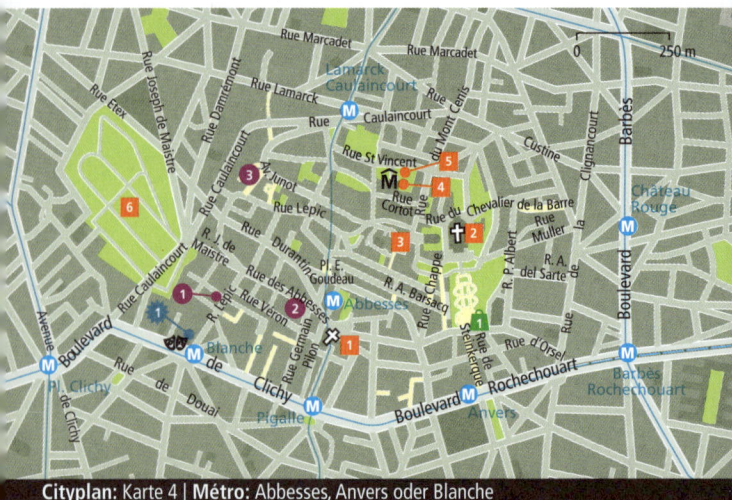

**Cityplan:** Karte 4 | **Métro:** Abbesses, Anvers oder Blanche

INFOS/ÖFFNUNGSZEITEN

**Sacré-Cœur** 2: 35, rue du Chevalier de la Barre, www.sacre-coeur-montmartre.com, tgl. 6–22.30 Uhr
**Musée de Montmartre** 4: 12, rue Cortot, www.museedemontmartre.fr, April–Sept. tgl. 10–19, Okt.–März 10–18 Uhr, Eintritt 12 €, erm. 9/6 €
**Cimetière de Montmartre** 6: 20, av. Rachel, tgl. 10–18, Juli/Aug. 10–19 Uhr
**Weinlese-Fest:** www.fetedesvendangesdemontmartre.com
**Moulin Rouge** 1: 82, bd. de Clichy, 18. Arr., T 01 53 09 82 82, www.moulinrouge.fr

HUNGER ODER DURST?

Im **Café des 2 Moulins** 1 (15, rue Lepic, 18. Arr., T 01 42 54 90 50 tgl. 7.30/8–2 Uhr), einem Schauplatz in »Die fabelhafte Welt der Amélie«, sind die Plätze draußen mit Blick auf die Rue Lepic beliebt, aber auch drinnen ist es meist voll, obwohl der Filmruhm sich deutlich auf die Preise auswirkte.
Als junge Stadtteilkneipe gut etabliert ist **Le Sancerre** 2 (6, rue des Abbesses, 18. Arr., T 01 42 58 08 20, http://lesancerreparis.com, tgl. 7–2 Uhr, Gerichte 18–24 €). Das sympathische Bistro am Montmartre überzeugt durch Logenplätze mit Blick auf die Rue des Abbesses – die allerdings immer auch schnell vergeben sind.
Im Ecklokal **Marcel** 3 (1, Villa Léandre, 18. Arr., T 01 46 06 04 04, www.restaurantmarcel.fr, Mo–Sa 10–23, Sa/So 10–19 Uhr) wird am Wochenende gebruncht, werktags gibt's Frühstück oder Burger, große Salate und Sandwiches (16–19 €).

hier ganze Reisegruppen für ein Foto posieren, man kann sich gar nicht satt sehen und schwört sich, wiederzukommen.

## Nischenwelt

Die einstmals berühmten Porträtmaler auf der **Place du Tertre** 3 mussten der Außengastronomie der

**Der Montmartre** *#14*

*Das benachbarte Belleville gilt als das ›neue Montmartre‹, dessen besonderen Charme das Miteinander der Kulturen ausmacht. Hier wird nicht nach Hautfarbe und Herkunft unterschieden.*

Lokale rundherum weichen, nur ein paar Unbeirrbare halten sich im touristischen Gedrängel. Das kleine **Musée de Montmartre** 4 erinnert an die dörfliche Vergangenheit des Viertels und die Künstler-Bohemiens, die hier um 1900 lebten, darunter Toulouse-Lautrec und Maurice Utrillo. Seit 2014 ist das charmant rekonstruierte Atelier der Malerin Suzanne Valadon Teil des Museums. Vom hübschen Garten blickt man auf den benachbarten Weinberg.

## Zur Weinlese auf den Montmartre

Gewissermaßen im Schatten von Sacré-Cœur liegt der **Weinberg von Montmartre** 5, ausgerechnet am Nordhang. Dementsprechend ist der hier gekelterte Wein eher ein kurioses Andenken als ein Tropfen, den man genießen würde. Trinkbar ist der Rebensaft zwar durchaus, aber der stolze Preis pro Flasche wird denn doch als Spende für gute Zwecke deklariert. Anfang der 1930er-Jahre wurde das Terrain hier rekultiviert, nachdem zuvor in Vergessenheit geraten war, dass hier schon in der frühen Neuzeit Weinbauern ansässig waren. Jedes Jahr im Oktober wird die Weinlese für den ›Clos Montmartre‹ von einem Fest mit Feuerwerk begleitet.

**ÜBRIGENS**

Wenn Sie dem Großstadttrubel für kurze Zeit und einen schönen Abstecher entfliehen wollen, dann sind Sie auf dem **Cimetière de Montmartre** 6 gerade richtig. Hier liegen Heinrich Heine und der Komponist Jacques Offenbach, die Schriftsteller Emile Zola und Stendhal, die Brüder Goncourt, der Filmregisseur François Truffaut und die Sängerin Dalida begraben.

→ **UM DIE ECKE**

Pigalle und Montmartre zählen abseits der Touristenspots und mit ihren kleinen Galerien und Modeläden auch zu den hipsten Vierteln der Stadt. Mit einem Bummel vom **Stoffmarkt Saint-Pierre** 1 (www.marchesaintpierre.com, Mo–Fr 10–18.30, Sa 10–19 Uhr) am Fuße der Treppenanlage unterhalb von Sacré-Cœur durch die benachbarten Straßen wie **Rue d'Orsel, Rue de Steinkerque** und andere kann man den Sightseeing-Spaziergang ausklingen lassen.

# Wissenschaft im Schlachthof – **La Villette**

**Kreativ, kosmopolitisch, cool – der Pariser Nordosten entwickelt sich zum Trendbezirk. Lange nur ein Arbeiter- und Industrieviertel, sorgt der unverbrauchte, raue Charme dieses Quartiers inzwischen für unglaublich viel ›Pariser Atmosphäre‹.**

*Ein Ausflug zum zauberhaften Bassin de la Villette lohnt sich in jedem Fall. Sie können am Ufer entlangflanieren oder -radeln und weiter zum Canal Saint-Martin oder in die andere Richtung zum Parc de la Villette schlendern, picknicken, Boule spielen, Eis essen, im Sommer sogar schwimmen …*

Im 19. Arrondissement, einem Viertel weitab vom touristischen Pflichtprogramm, liegt der **Parc de la Villette** an der Stelle des ehemaligen Schlachthofgeländes. Einzig erhaltener historischer Bau ist die **Grande Halle** 1, einst der Rindermarkt, die heute als Ausstellungshalle dient. Das in den 1950er-Jahren geplante Schlachthofgebäude entwickelte sich zum Finanzskandal und blieb Bauruine, bis der Architekt Adrien Fainsilber einen Abenteuerspielplatz für Wissensdurstige,

die **Cité des Sciences et de l'Industrie** 2, daraus machte. Das Wissenschaftsmuseum ist die Hauptattraktion im Park.

## Schallschüssel und Simulator

In dem kolossalen Wissenschafts- und Technikmuseum, das viermal so groß ist wie das Centre Pompidou, bringen interaktive Spiele naturwissenschaftliche Gesetze näher: Ein perspektivischer Raum provoziert optische Täuschungen, im Odorama müssen Gerüche erraten werden, Schallschüsseln übermitteln Unterhaltungen auf große Entfernung, in Gewächshäusern können Sie die Pflanzenwelt betrachten.

In den thematisch organisierten Abteilungen zu Ton, Bild, Wetter, Meeresforschung, Umwelt, Raumfahrt und vielen anderen Themen können überall Knöpfe und Hebel gedrückt werden, laden Geräte zum Ausprobieren ein. Im Planetarium reproduziert ein Projektor den Himmel, im Simulationssaal Cinaxe können Sie einen Düsenjet in die Luft bringen – wenn Sie es denn schaffen …

## ›Kinematografischer Spazierweg‹ und Kugelkino

Der 35 ha große Parc de la Villette wurde von dem Schweizer Architekten Bernard Tschumi als postmoderner Park für das 21. Jh. konzipiert, der nicht Entspannung und Muße, sondern Aktivitäten fördern soll. Rote, wie Skulpturen wirkende Würfel setzte er zwischen Themengärten und einen ›kinematografischen Spazierweg‹.

Die **Argonaute** 3, ein ausgedientes U-Boot der französischen Marine, wurde über Flüsse und Kanäle von der Küste nach Paris transportiert. In einer großen, glitzernden Kugel befindet sich das **Géode** 4, ein Kino mit einer 1000 m² großen Leinwand, in dem sich der Zuschauer mitten ins Filmgeschehen versetzt glaubt.

## Hier spielt die Musik!

Im Südteil des Parks entwarf der Architekt Christian de Portzamparc den postmodernen Komplex der **Cité de la Musique** 5 mit Konservatorium und Konzertsaal. 2015 eröffnete hier auch die neue **Philharmonie** 6. Das unlängst renovierte **Musikmuseum** kann man – mit Kopfhörern

**ÜBRIGENS**

Sie möchten noch mehr Park? Kein Problem! Zum Erlebnis wird jeden Sommer das **Freiluftkino** im Parc de la Villette – unter freiem Himmel laufen im Juli und August fast jeden Abend gegen 23 Uhr auf großer Leinwand Filmklassiker. Eine weitere Attraktion ist das zehntägige **Jazzfestival** im September mit Konzerten im Park und in der Cité de la Musique (www.villette.com, https://jazzalavillette.com). Und wenn Sie den Park vom Wasser aus entdecken wollen: Bei **Marin d'eau douce** 1 können Sie ein Boot mieten und den Picknickkorb gleich dazubestellen. Fünf bis elf Personen können an der Fahrt teilnehmen, ein Bootsschein ist nicht erforderlich, Startpunkt ist das Bassin de la Villette (Marin d'eau douce, 37, quai de la Seine, T 09 70 71 40 60, www.marindeaudouce.fr, ab 40 € pro Std. für 5 Pers.).

#15 La Villette

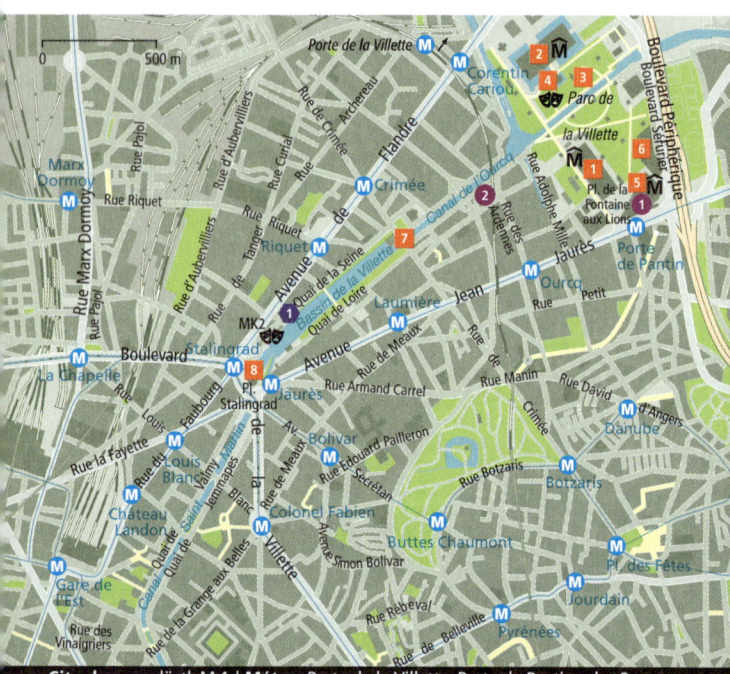

**Cityplan:** nordöstl. M 1 | **Métro:** Porte de la Villette, Porte de Pantin oder Ourcq

### INFOS & ÖFFNUNGSZEITEN

**Cité des Sciences et de l'Industrie**
2: 30, av. Corentin-Cariou, 19. Arr., www.cite-sciences.fr, Museum: Di–Sa 10–18, So 10–19 Uhr, 12/9 €, Audioguides mit deutschsprachigen Informationen

**Argonaute** 3: www.cite-sciences.fr/fr/au-programme/expos-permanentes/argonaute, Di–Fr 10.50–17.50, Sa/So 11–19 Uhr, Eintritt frei, zur Ausstellung 3 € (Zugang für Kinder unter 3 J. verboten, Ausstellung ausgenommen)

**La Géode** 4: www.lageode.fr, 2020 Wiedereröffnung nach Renovierung

**Cité de la Musique** 5: 221, av. Jean-Jaurès, 19. Arr., http://www.citedelamusique.fr, Di–Sa 12–18, So 10–18 Uhr, 7 €

---

### EINFACH DÉLICIEUX!

Aus dem **Café des Concerts** 1, ursprünglich nur ein Bistro, ist seit ein paar Jahren eine schicke Brasserie mit ambitionierter Küche geworden (Pl. Fontaine-aux-Lions, T 01 42 49 74 74, Mo–Fr 12–14.30, 18.30–23.30, Sa/So 12–15.30, 18.30–23.30 Uhr).

Direkt am Canal de l'Ourcq liegt das **Maison Becquey** 2 (34, quai de la Marne, 19. Arr., www.maisonbecquey.com, T 01 45 26 97 79, tgl. 8–2 Uhr, Hauptgerichte 14,50–19,50 €). Das Lokal im typisch pariserischen Industrial Chic hat sich schnell jede Menge Fans erworben, ob zum Frühstücken, auf einen Apéritif oder um den Abend in relaxter Atmosphäre ausklingen zu lassen.

Beim Cocktail von der **Philharmonie** 6 auf Paris blicken? Das geht im **Balcon:** Die Bar in der 6. Etage heißt nicht nur so, sie bietet von der Terrasse auch einen tollen Blick (221, av. Jean-Jaurès, T 01 40 32 30 01, www.restaurant-lebalcon.fr, Di–Sa ab 18.30 Uhr, Hauptgerichte 20–30 €).

## La Villette #15

*Ein beliebter Treffpunkt für Anwohner und Touristen: die Place Stalingrad mit ihren Wasserspielen.*

versehen – auf einem ›Parcours sonore‹ durchstreifen: Klangproben vermitteln auch einen akustischen Eindruck der ausgestellten Instrumente.

→ **UM DIE ECKE**

La Villette, den größten Pariser Park, durchquert der **Canal de l'Ourcq**. Stadteinwärts am Kanal führt ein Spaziergang zuerst zum Bassin de la Villette – im Sommer mit Freibad! Vorbei an der **Pont de Crimée** 7, einer Hebebrücke mit großen Rädern und dicken Stahltrossen, alten Speicherhäusern und einem direkt am Wasser gelegenen Backpackerhostel gelangt man zum Programmkino **MK2**, das sich zu beiden Seiten des Kanals in alten Bootshangars ein schönes Plätzchen ausgesucht hat.

Auch jenseits der klassizistischen **Rotonde** 8 an der Place Stalingrad und einer ersten Schleuse geht es weiter am **Canal Saint-Martin** entlang Richtung Seine und Zentrum. Zahlreiche Schleusen, eine Wendebrücke und steile, metallene Fußgängerstege, von denen man den Bootsbetrieb beobachten kann, lassen den von Bäumen gesäumten Kanal fast holländisch wirken. Hier siedeln sich junge Kreative an, entstehen Mode, Musik- und Designtrends, kann man picknicken oder zu erträglichen Preisen schlemmen, nächtelang clubben oder einfach mal chillen. Der romantische Kanalabschnitt hat sich – nach langen Jahren, in denen der ruhige Spazierweg an den Kais entlang ein Geheimtipp für Pariskenner war – zum Trendviertel entwickelt. Leider hinterlassen die sich allabendlich hier versammelnden Fans des schönen Fleckchens auch reichlich Müll.

*Durchblick: 2015 eröffnete die neue Philharmonie nach Kostenexplosion, Baustopp und Kommunikationsproblemen zwischen Architekt Jean Nouvel und Bauträger irgendwann dann doch. Dafür »sitzt das Publikum hier nun wie auf Wolken, hinter denen die Musik frei zirkulieren kann«, lobte die »Süddeutsche«.*

**Pariser Museumslandschaft**

# EINTRITTSKARTEN *in eine andere Welt ...*
*Neben den Klassikern wie dem Louvre, dem Musée d'Orsay und dem Picasso-Museum lohnen viele andere Museen jeden Umweg!*

# UND JETZT ENTSCHEIDEN SIE!

**Musée d'Art et d'Histoire du Judaïsme**
Di–Fr 11–18, Sa/So 10–18 Uhr, an jüd. Feiertagen geschl.
10/7 €, EU-Bürger bis 25 Jahre frei

○ JA  ● NEIN

In einem restaurierten Stadtpalais des 17. Jh. im Marais, dem Hôtel de Saint-Aignan, wurde das Museum für jüdische Kunst und Geschichte eingerichtet.

📖 J 5, www.mahj.org

---

**Musée National des Arts Asiatiques – Guimet**
Mi–Mo 10–18 Uhr
8,50/6,50 €

● JA  ● NEIN

Hier gibt es Kunstschätze aus 17 Ländern Asiens zu sehen, von Afghanistan über Indien bis Fernost. Highlight der sehenswerten Sammlung ist die Kunst der Khmer.

📖 B 4, www.guimet.fr

---

**Musée des Arts Décoratifs**
Di–So 11–18, Do bis 21 Uhr
11/8,50 €

● JA  ● NEIN

Alles da: Kunst vom Mittelalter bis zu modernem Design. Integriert sind das Musée de la Mode et du Textile und das Musée de la Publicité, die interessante Wechselausstellungen organisieren.

📖 G 4, www.madparis.fr

---

**Musée des Arts et Métiers**
Di–So 10–18,
Do bis 21.30 Uhr
8/5,50 €

● JA  ● NEIN

Doppeldecker und Oldtimer, Uhren und Optikerarbeiten, mechanisches Spielzeug und vieles andere aus Technik und Handwerk begeistert die Besucher.

📖 J 4, www.arts-et-metiers.net

# Pariser Museumslandschaft

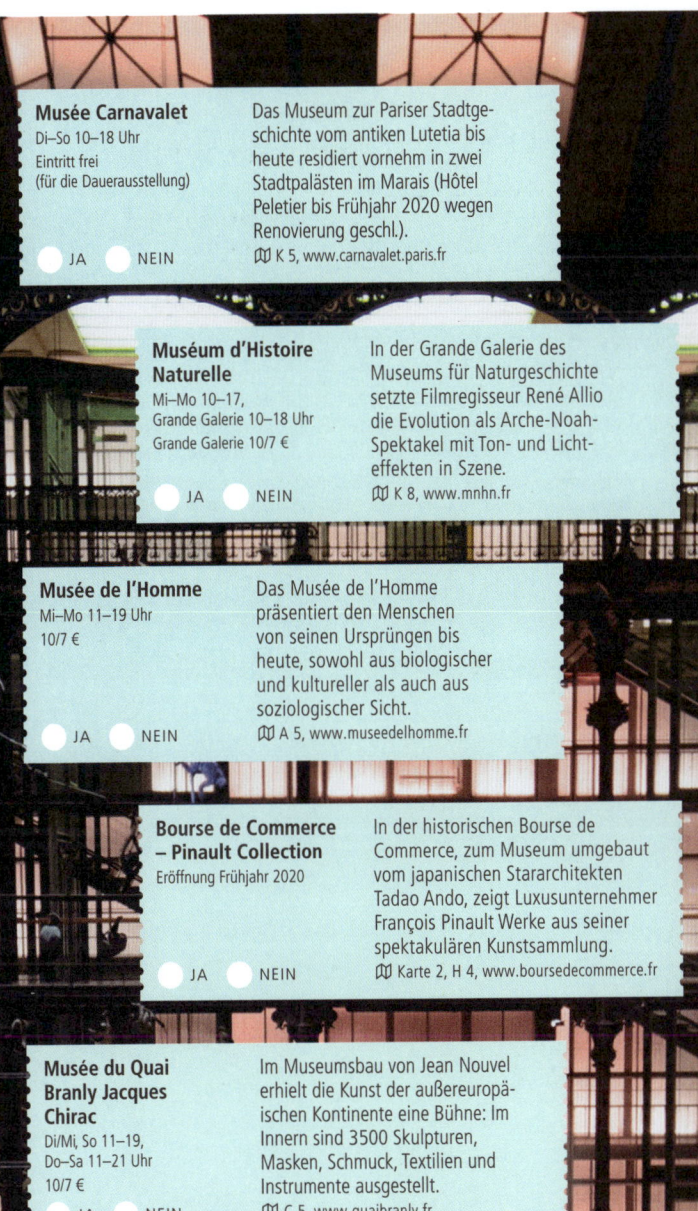

**Musée Carnavalet**
Di–So 10–18 Uhr
Eintritt frei
(für die Dauerausstellung)

◯ JA ◯ NEIN

Das Museum zur Pariser Stadtgeschichte vom antiken Lutetia bis heute residiert vornehm in zwei Stadtpalästen im Marais (Hôtel Peletier bis Frühjahr 2020 wegen Renovierung geschl.).
K 5, www.carnavalet.paris.fr

**Muséum d'Histoire Naturelle**
Mi–Mo 10–17,
Grande Galerie 10–18 Uhr
Grande Galerie 10/7 €

◯ JA ◯ NEIN

In der Grande Galerie des Museums für Naturgeschichte setzte Filmregisseur René Allio die Evolution als Arche-Noah-Spektakel mit Ton- und Lichteffekten in Szene.
K 8, www.mnhn.fr

**Musée de l'Homme**
Mi–Mo 11–19 Uhr
10/7 €

◯ JA ◯ NEIN

Das Musée de l'Homme präsentiert den Menschen von seinen Ursprüngen bis heute, sowohl aus biologischer und kultureller als auch aus soziologischer Sicht.
A 5, www.museedelhomme.fr

**Bourse de Commerce – Pinault Collection**
Eröffnung Frühjahr 2020

◯ JA ◯ NEIN

In der historischen Bourse de Commerce, zum Museum umgebaut vom japanischen Stararchitekten Tadao Ando, zeigt Luxusunternehmer François Pinault Werke aus seiner spektakulären Kunstsammlung.
Karte 2, H 4, www.boursedecommerce.fr

**Musée du Quai Branly Jacques Chirac**
Di/Mi, So 11–19,
Do–Sa 11–21 Uhr
10/7 €

◯ JA ◯ NEIN

Im Museumsbau von Jean Nouvel erhielt die Kunst der außereuropäischen Kontinente eine Bühne: Im Innern sind 3500 Skulpturen, Masken, Schmuck, Textilien und Instrumente ausgestellt.
C 5, www.quaibranly.fr

# Paris & die Kunst – eine große Liebe

Die meisten **staatlichen Museen** sind dienstags geschlossen, **städtische Museen** montags. Wichtig für die beliebten Oster- oder Pfingstreisen nach Paris: An Feiertagen sind viele Museen geschlossen! **Sonntags** ist überall mit großem Andrang zu rechnen. Für den Louvre (▶ S. 44) und einige andere Museen kann man **Tickets auch vorab kaufen** (Fnac, TicketNet).

Wer sich für Performances und Installationen, Design und Gegenwartskunst interessiert, findet aktuelle Ausstellungen nicht nur im **Palais de Tokyo** (ᗡ C 4; www.palaisdetokyo.com), im **104** (ᗡ nördl. K 1; www.104.fr) oder im **Le Plateau** (ᗡ östl. M 2; www.fraciledefrance.com), Ausstellungsorten ohne eigene Sammlung, die wechselnde Künstler einladen, sondern auch jenseits des Périphérique. Das an Paris angrenzende Département Val-de-Marne etwa eröffnete **MAC/VAL** (ᗡ Karte 5; www.macval.fr), ein neues Museum in Vitry-sur-Seine. Und auch im **Le Cube** (ᗡ Karte 5; www.lesiteducube.com) in Issy-les-Moulineaux und der **Ferme du Buisson** (ᗡ Karte 5; www.lafermedubuisson.com) in Noisiel gibt es zeitgenössische Kunst zu sehen.

## PARIS MUSEUM PASS

Der **Paris Museum Pass** gilt für zwei, vier oder sechs Tage (48, 62 oder 74 €), verschafft freien Eintritt in knapp 60 Museen und erspart das Schlangestehen (www.parismuseumpass.com) – man marschiert einfach an den Wartenden vorbei.

*Momentaufnahme: Aufbau einer Ausstellung im Museum für moderne Kunst, das im Ostflügel des monumentalen Palais de Tokyo residiert.*

# Noch mehr Kunst ...

Die Kunst ist in Paris zu Hause, in Galerien und Ateliers, unter freiem Himmel in Parks und auf Plätzen. Viele wirklich außergewöhnliche Werke der Malerei, Fotografie und Bildhauerei präsentieren die im Folgenden genannten Museen – und auch diese bilden nur einen kleinen Ausschnitt aus dem enorm breiten Spektrum der Metropole.

### Klein, aber fein
**Fondation Cartier** 📖 südl. F 8
Vom Feinsten: der transparente Glasbau von Jean Nouvel und die Ausstellungen zur internationalen Kunst-Avantgarde von Pop-Art bis zu Videoinstallationen.
261, bd. Raspail, 14. Arr., www.fondation.cartier.com, Métro: Raspail, Di 11–22, Mi–So 11–20 Uhr, 10,50/7 €

### Kunst im Bois de Boulogne
**Fondation Louis Vuitton**
📖 westl. A 1
Seit Oktober 2014 präsentiert Unternehmer Bernard Arnault seine Kunstsammlung in einem Neubau von Frank Gehry.
Av. Mahatma Gandhi, www.fondationlouisvuitton.fr, Métro: Les Sablons, Mo, Mi/Do 11–20, Fr 11–21, Sa/So 10–20 Uhr, 16/10/5 €

### Schwerpunkt Ecole de France
**Musée d'Art Moderne de la Ville de Paris** 📖 C 4
Das Museum für moderne Kunst im Palais de Tokyo besitzt viele bedeutende Kunstwerke des 20. Jh., etwa von Delaunay, Klein, Léger und Picabia. Hier hängt eines der größten Gemälde der Welt: »La Fée Electricité« von Raoul Dufy.
11, av. du Prés.-Wilson, 16. Arr., www.mam.paris.fr, Métro: Alma-Marceau, Di–So 10–18 Uhr, Wechselausstellungen Do bis 22 Uhr, Eintritt frei (Dauerausstellung)

### Die Nr. 2 im Palais de Tokyo
**Site de Création Contemporaine**
📖 C 4
Ausstellungen junger Künstler, Performances und Installationen um die Kunst der Gegenwart im anderen Flügel des Tokyo.
www.palaisdetokyo.com, Métro: Alma-Marceau, Mi–Mo 12–24 Uhr, 12/9 €

### Maillol und mehr
**Musée Maillol** 📖 F 6
Skulpturen, Zeichnungen, Gemälde von Aristide Maillol (1861–1944), ergänzt um die Privatsammlung von Dina Vierny, Galeristin und Maillols Modell und Muse.
61, rue de Grenelle, 7. Arr., www.museemaillol.com, Métro: Rue du Bac, tgl. 10.30–18.30, Fr bis 19.30 Uhr, 13,50/12,50/11,50/9,50 €

### Picasso.Mania
**Musée Picasso** 📖 K 5
Das Hôtel Salé, ein im 17. Jh. erbautes Stadtpalais im Marais, bildet den schlicht-eleganten Rahmen für eine einzigartige Sammlung von Werken Picassos. Blaue, rosa und kubistische Periode des Malers sind ebenso gut dokumentiert wie die weniger bekannten ›klassischen‹ Werke, Zeichnungen, Skulpturen, Keramiken.
Rue de Thorigny, 3. Arr., www.museepicasso paris.fr, Métro: Saint-Paul oder Chemin-Vert, Di–Fr 10.30–18, Sa/So 9.30–18 Uhr, 14/11 €

### Von Paris-Fans geliebt
**Musée Rodin** 📖 E 6
Im Museum im Hôtel Biron, einem klassizistischen Stadtpalais mit hübscher Gartenanlage, werden Skulpturen des Bildhauers Auguste Rodin präsentiert sowie einige Werke von Camille Claudel. Zu seinen bekanntesten Arbeiten gehören »Die Bürger von Calais«, »Das Höllentor« und »Der Denker«.
Rue de Varenne, 7. Arr., www.musee-rodin.fr, Métro: Varenne, Di–So 10–18.30 Uhr, 12/9 €

# Aus Paris wird Grand Paris

Paris hatte zu Beginn des 19. Jh. eine im Wesentlichen mittelalterliche Struktur. Mit der radikalen Modernisierung wurde Baron Haussmann beauftragt; ihm sind vor allem die regelmäßigen Straßenfluchten zu verdanken. In der Ära Mitterrand (1981–95) entstanden als spektakuläre Großbauten der Louvre-Umbau mit der Glaspyramide, das Finanzministerium, die Bastille-Oper sowie die Grande Arche. Im 21. Jh. geht es um nichts weniger, als den Großraum Paris auch als Ballungsraum lebenswert und nachhaltig zu gestalten.

### Zäsur im Stadtbild
**Tour Montparnasse**  E/F 8
Aus der Ära Georges Pompidou, 1969–73 Staatspräsident, datiert der **Boulevard Périphérique**, der Autobahnring rund um Paris. Das Hochhausviertel Front de Seine nahe dem Eiffelturm und die Skyline von La Défense am westlichen Stadtrand entstehen in dieser Epoche – und die Tour Maine-Montparnasse, eines der wenigen Hochhäuser der Innenstadt. Von der Aussichtsplattform des 209 m hohen Wolkenkratzers eröffnet sich ein wunderbarer Panoramablick.
Rue de l'Arrivée, 15. Arr., www.tourmontparnasse56.com, Métro: Montparnasse-Bienvenüe, April–Sept. tgl. 9.30–23.30, Okt.–März bis 22.30 Uhr, 18 €, erm. 18/15/9,50/8,50 €

### ›Manhattan-sur-Seine‹
**La Défense**  Karte 5
Schon lange versteht sich das Hochhausviertel im Westen von Paris als ›Manhattan-sur-Seine‹. 1959 wurde als Erstes die CNIT-Messehalle (Centre National des Industries et Techniques) erbaut, die mit ihrem ausladenden, nur an drei Punkten in der Erde verankerten Dach ein eindrucksvolles und gelungenes Beispiel der 1950er-Jahre-Architektur darstellt. Das kühne Betonzelt besitzt mit einer Spannweite von 230 m das größte Gewölbe der Welt. Seit den 1960er-Jahren folgte ein Hochhaus dem anderen. Computer-, Auto-, Erdölkonzerne und Banken bauten sich in diesem Stadtteil mit Wolkenkratzer-Skyline Symbole ihrer Finanzkraft und Macht. Die 2011 fertiggestellte Aufstockung der Tour First machte den Wolkenkratzer mit 231 m zum derzeit höchsten Gebäude Frankreichs, aber neue Rekorde sind bereits angepeilt – die Zwillingstürme Hermitage Plaza mit 323 m Höhe (bis 2024). Die monumentale Grande Arche, der von Otto von Spreckelsen entworfene überdimensionale Triumphbogen, verlängert die historische Achse vom Louvre über die Champs-Elysées bis hierher vor die Tore der Stadt. Das große Tor ist mehr als doppelt so hoch wie der Arc de Triomphe, und Notre-Dame würde mühelos in die große Öffnung hineinpassen. Die ›Promenade‹ auf der 1000 m² großen Dachterrasse ist seit 2017 wieder zugänglich
www.lagrandearche.fr, tgl. 10–19 Uhr, 15/12/10/ 7 €, Métro: Grande Arche de la Défense

### Paukenschlag
**Cité de l'Architecture et du Patrimoine**  B 4
Das Museum im Ostflügel des Palais de Chaillot versteht sich als größtes Architekturzentrum Europas: Neben Kopien von Baudenkmälern und Wandmalereien aus Frankreichs Kulturerbe gibt es Wechselausstellungen zu zeitgenössischer Architektur und Stadtplanung.
Pl. du Trocadéro, 16. Arr., www.citedelarchitecture.fr, Métro: Trocadéro, Mo, Mi–Fr 11–19, Do 11–21, Sa/So 11–19 Uhr, 8/6 €

# Das royale Paris – Versailles

Um die Macht des Königs und der Monarchie durch größtmöglichen Luxus zu demonstrieren, verpflichtete Ludwig XIV. den Architekten Louis Le Vau, den Gartengestalter André Le Nôtre und den Maler Charles Le Brun, um Versailles, sein Traumschloss von der Größe einer Kleinstadt, erbauen zu lassen.

### Auf Wirkung ausgerichtet
**Versailles** 📍 Karte 5
Ganze Heerscharen von Handwerkern waren in Versailles beschäftigt. Noch unter dem Sonnenkönig hatte der Hof zunächst keinen festen Aufenthaltsort und wechselte zwischen Fontainebleau, den Tuilerien, Saint-Germain-en-Laye, Chambord, Vincennes und Versailles. Ab 1661 wurde das kleine Jagdschloss südwestlich von Paris zum größten und prächtigsten Schloss Europas erweitert, das vielen anderen Monarchen zum (unerreichten) Vorbild für ihre Residenzen werden sollte, so z. B. in Potsdam, Wien und Sankt Petersburg. Mehr als fünf Jahrzehnte sollte es dauern, bis die imponierende Schlossanlage fertiggestellt war, doch schon 1682 siedelte der Hof dauerhaft hierher über. Alles in allem umfasste der Hofstaat rund 20 000 Personen (Adlige, Soldaten und Lakaien), in deren Mitte sich das Leben des Königs weitgehend öffentlich vollzog. Im Jahr 1789 gab es 288 Wohnungen im Schloss mit 1252 beheizbaren und 600 Räumen ohne Kamin. Die königliche Familie bewohnte rund 150 Zimmer davon. **Petits Appartements** (die königlichen Wohnräume) und **Grands Appartements** (die offiziellen Säle) können besichtigt werden, darunter als prunkvollster Saal die berühmte **Spiegelgalerie**, deren Bau 15 Mio. Livres kostete – das gesamte Staatsvermögen betrug damals 110 Mio. Livres.

### Die Kunst der Geometrie
**Der Schlosspark** 📍 Karte 5
Unbedingt anschließen sollte man einen Spaziergang durch den weitläufigen Park, von André Le Nôtre als ›französischer‹, der Geometrie und den Perspektiven verpflichteter Garten angelegt. Von Kanälen und Alleen durchzogen, ist der Park wie das Schloss vor allem auf Wirkung hin konzipiert, geschaffen für den König, der damit Macht und Reichtum demonstrieren wollte. Hunderte von Statuen, Brunnen und Blumenrabatten lockern die symmetrische Strenge auf. Im Park ließ Ludwig XIV. das Schloss **Grand Trianon** im italienischen Stil, Ludwig XV. das klassizistische **Petit Trianon** erbauen. Es war ein Geschenk für Marie Antoinette, die auch den kleinen ›Weiler‹ mit strohgedeckten Häusern im Park von Versailles anlegen ließ, um dem extravaganten Prunk und der steifen Etikette am Hof zu entfliehen. Im **Hameau** (Dörfchen) streifte die Königin in einfachem Bauernkleid über und weidete frisch gewaschene Kühe, während im Land die Unzufriedenheit der echten Bauern wuchs und sich die Französische Revolution ankündigte. Das Kulissenhafte der (aristokratischen) Vorstellung von ländlicher Idylle wird heute noch dadurch betont, dass hier bei schönem Wetter meist gleich mehrere Brautpaare fürs Familienalbum posieren.

**Anfahrt:** RER Linie C: Versailles–Rive Gauche www.chateauversailles.fr, www.potager-du-roi.fr. **Eintritt:** Schloss 18 €, Schloss und Park 20 €, mit Wasserspielen 27 €; potager 4,50 €, Sa/So 7 €, erm. 3 €

**Schloss:** Nov.–März Di–So 9–17.30, April–Okt. Di–So 9–18.30 Uhr

**Grand und Petit Trianon:** Nov.–März tgl. 12–17, April–Okt. tgl. 12–18.30 Uhr

**Park:** im Winter 8–18, im Sommer 7–20.30 Uhr

**Potager du Roi** (königl. Küchengarten): April–Okt. Di–So 10–18, Nov.–März Di, Do 10–18 Uhr

# Pause. Einfach mal abschalten

Mittagspause im Grünen – auch das bietet die Großstadt. Der Jardin du Luxembourg oder die Tuilerien locken nicht nur Touristen, Mütter und Kinder nach draußen, mittags erklären die Büros der Nachbarschaft Parks und Grünanlagen gerne zur Freiluftkantine. Bei schönem Wetter sind alle grünen Metallstühle belegt: Man liest, flirtet, legt die Füße in der Mittagspause hoch, verzehrt sein Sandwich und erfreut sich der Sonnenstrahlen.

### Herrlich altmodisch
**Jardin du Luxembourg** 📖 G 7
Nicht nur die Studenten der nahe gelegenen Sorbonne lieben den schönen Park zwischen Quartier Latin und Saint-Germain. Unter den blau-violett blühenden Glyzinien an der Orangerie treffen sich die Schachspieler, am großen Wasserbassin werden Modellsegelboote an Kinder verliehen, die Tennisplätze sind zu jeder Tageszeit gut besucht, eine Imkerschule bietet Kurse an, Jogger drehen ihre Runden.
Die französische Gartenarchitektur – geradlinige Wege, Balustraden, geometrisch angelegte Rasenflächen und Blumenbeete – liefert den charmanten Rahmen für rund 80 Büsten und Figuren, darunter die Stadtpatronin Genoveva, zahlreiche französische Königinnen, der Maler Eugène Delacroix und Staatspräsident François Mitterrand. Dem Karussell – »… und kreist und dreht sich nur und hat kein Ziel« – widmete Rilke berühmt gewordene Verse. Trotz der vielen Besucher gibt es auch verträumte Winkel: Die **Fontaine de Médicis**, ein Brunnen im Stil italienischer Grotten, liegt etwas versteckt im Schatten großer Bäume.
Das **Palais du Luxembourg** wurde zu Beginn des 17. Jh. von Salomon de Brosse im Stil florentinischer Paläste für Maria von Medici, die Witwe Heinrichs IV., erbaut und dient heute als Sitz des Senats sowie für Wechselausstellungen.
6. Arr., Métro: Luxembourg

*Schachspiel im Jardin du Luxembourg*

### Treffpunkt des hippen Paris
**Canal Saint-Martin** 📖 K/L 1–3
Zahlreiche Schleusen, eine Wendebrücke und steile, eiserne Fußgängerstege, von denen man den Bootsbetrieb beobachten kann, lassen den von Bäumen gesäumten Canal Saint-Martin fast holländisch wirken. Seit einiger Zeit hat die Szene das Viertel entdeckt, Cafés, Kneipen und Musikclubs öffneten.
Bei schönem Wetter sind die Ufer für den Sonntagsspaziergang längst kein Geheimtipp mehr – und auch an lauen Sommerabenden ist hier richtig viel los.
10. Arr., Métro: République

### Gelungenes Konzept für ein altes Industrie-Areal
**Parc André Citroën** 📖 südlich A 6
Wo früher Autos gebaut wurden, erfreut heute der 14 ha große Parc André Citroën Anwohner und Besucher. Auf dem ehemaligen Werksgelände am Quai Javel (15. Arr.) entstand eine Grünanlage mit zwei großen Glaskuben, die als Gewächshäuser dienen. Die große rechteckige Rasenfläche,

**Pause. Einfach mal abschalten**

die von Wasserbecken gerahmt wird, umgeben mehrere Themengärten: Der Metamorphosengarten verändert sich im Wechsel der Jahreszeiten, im Garten in Bewegung rascheln Bambus und Blätter. Einige weitere, wie der schwarze und der weiße Garten, sind Farben gewidmet, daneben gibt es aber auch wild wachsende Ökowiesen.

Rue Balard/rue Saint-Charles, 15. Arr., Métro: Javel oder Balard

### Pssst …
**Parc des Buttes-Chaumont**
M 1/2
Hier finden Jogger und Skater (begrenzten) Auslauf und Liebespaare die Kulisse zum Küssen. Hoch über See und Hängebrücke thront ein Tempelchen, in der künstlichen Tropfsteinhöhle braust ein Wasserfall. Der schöne Park ist noch immer ein Geheimtipp für Paris-Besucher – und der Blick über Paris eine Attraktion. Beliebt: das hübsche Lokal **Rosa Bonheur** im Pavillon Weber.

19. Arr., Métro: Buttes-Chaumont; Rosa Bonheur: 2, av. de la Cascade, T 01 42 00 00 45, www.rosabonheur.fr, Mi–So 12–24 Uhr

### Näschen hoch!
**Parc Monceau** D 1/2
Den kleinen Park besuchen vor allem adrette Kinder mit ihren Au-pair-Mädchen aus dem eleganten 8. Arrondissement. Über die Grünanlagen verteilen sich Säulenreihen und andere Architekturfragmente. Am Parkrand: **Musée Cernuschi** (chinesische Kunst) und **Musée Nissim Camondo**, das Privathaus eines Sammlers aus dem 19. Jh.

Bd. de Courcelles, 8. Arr., Métro: Monceau; Musée Cernuschi: www.cernuschi.paris.fr, Di–So 10–18 Uhr, Eintritt Dauerausstellung frei, sonst 4/3 €, unter 18 Jahre frei; Musée Nissim Camondo: http://madparis.fr, Mi–So 10–17.30 Uhr, 9/6,50 €

### Ewige Ruhe
**Cimetière du Montparnasse**
Karte 4
Auf dem Friedhof von Montparnasse wurden u. a. Maupassant, Brancusi, Zadkine, Baudelaire, Sartre, Beauvoir, Gainsbourg und Gisèle Freund bestattet.

*Einfach mal loslassen können – Canal Saint-Martin.*

3, bd. Edgar-Quinet, 14. Arr., Métro: Raspail, Mo–Fr 8–18, Sa 8.30–18, So 9–18, Nov.–März bis 17.30 Uhr

**ÜBRIGENS**

Unten in den Bögen des ›Viaduc des Arts‹ entlang der Avenue Daumesnil haben Designer und Kunsthandwerker ihre Ateliers eingerichtet. Oben auf dem Bahnviadukt aus dem 19. Jh. ermöglicht ein begrünter Spazierweg überraschende Ein- und Ausblicke, denn man geht etwa auf Höhe der dritten Etage, mal geht es gar durch ein Haus. Mit dem High Line Park hat sich sogar schon New York von der Idee dieser **Promenade Plantée** (L/M 7) inspirieren lassen, inzwischen Coulée verte René-Dumont getauft. In Paris lässt sich der Spaziergang auf der stillgelegten Bahntrasse bis zum Bois de Vincennes (4,5 km) verlängern. Jenseits des Jardin de Reuilly führt die grüne Ader durch Tunnel und Gräben bis zum Stadtwald (Métro: Ledru-Rollin oder Bastille).

# In fremden Betten

## Übernachten, ohne sich zu ruinieren?!?

Es verwundert kaum, dass in der Touristenstadt Nr. 1 weltweit auch die Übernachtungspreise Spitze sind. Paris ist die Stadt der Liebe, der Kochkunst, der Mode – und der teuren Hotels. Die traditionsreichen Luxushotels wie Crillon, Ritz oder George V bieten jeden erdenklichen Komfort und verlangen bis zu 10 000 € pro Nacht für eine Suite (das George V gibt dem Vernehmen nach allein 40 000 € pro Monat für den Blumenschmuck aus). Schon eine Übernachtung im Hostel kostet um 100 € pro Doppelzimmer. Doch es sind auch bezahlbare Unterkünfte zu finden: Neuer Trend sind Micro-Hotels, mit nur einer Handvoll Zimmer, und kleine Designhotels mit gut 20 Zimmern, die mit einfachsten Mitteln ein stylishes, aber noch bezahlbares Ambiente schaffen. Günstig übernachtet man zudem im B&B, im Ferienapartment oder im Hostel. Budget-Hotels für bescheidene Ansprüche haben meist sehr kleine Zimmer, die wenig Bewegungsfreiheit lassen. Neuerdings bieten immer mehr Hotels Zimmer in unterschiedlichen Preiskategorien an, von einfach über komfortabel bis zu großzügig – die günstigen sind überall schnell weg.

In Frankreich sind Doppelbetten üblich; wer getrennte Betten möchte, muss dies vorher angeben. Das Frühstück ist meist nicht inklusive. Kaum ein Hotel verfügt über eine eigene Parkmöglichkeit. Pro Nacht wird eine Tourismusabgabe von 2 € fällig.

### ZUM SELBST ENTDECKEN

Fast 1500 Hotels gibt es in Paris, und sie verteilen sich auf alle Stadtteile, dennoch sind die schönen, preiswerten oder angesagten Unterkünfte schnell ausgebucht. Wer in einem zentralen und tags wie abends belebten Stadtteil übernachten möchte, dem seien **Marais** (4. Arr.) und **Saint-Germain** (6. Arr.) empfohlen, da beide Shopping- und Ausgehviertel sind und vieles Sehenswerte in fußläufiger Reichweite liegt. Alle einstelligen Arrondissements bilden das Zentrum. Wer etwas weitere (Métro-)Wege nicht scheut, kann bei der Wahl des Hotels auch alle zweistelligen Arrondissements in Erwägung ziehen, die sich schneckenförmig um die einstelligen gruppieren.

**Günstig schlafen im Hostel:** de.parisinfo.com/wo-schlafen-in-paris

*Budget-Hotels wie das Joyce Astotel in SoPi setzen auf cooles, aber preiswertes Design statt auf teure Materialschlachten.*

# In fremden Betten

### »Voulez-vous coucher avec moi?«
**Hôtel Amour** 🏠 G 1

Ob das Hotel nahe Pigalle früher wirklich ein Stundenhotel war? Das hübsche Designhotel liegt am Fuß des Montmartre und doch in einer ganz untouristischen Ecke mit echtem Pariser Flair. Die Zimmer (in fünf Kategorien) wurden von Künstlern gestaltet – jedes anders. Das Erdgeschoss und der kleine Patio brummen abends als angesagtes Szene-Restaurant, ausnahmsweise sind daher die Zimmer zur Straße ruhiger als nach hinten raus.

Rue Navarin, 9. Arr., T 01 48 78 31 80, www.hotelamourparis.fr, Métro: Pigalle, DZ 120–280 €

### Savoir vivre
**Hôtel Arvor Saint-Georges** 🏠 G 1/2

Das kleine Hotel mit 24 kleinen Zimmern und sechs größeren Suiten empfiehlt sich durch seine ruhige Lage zwischen Zentrum und Montmartre. Weitere Pluspunkte: sehr freundlicher Service, einladender Frühstücksraum und Mini-Patio, Frühstück teilweise in Bio-Qualität.

8, rue Laferrière, 9. Arr., T 01 48 78 60 92, www.hotelarvor.com, Métro: Saint-Georges, DZ 125–250 € (in drei Kategorien)

### Voll Öko
**Auberge de Jeunesse Yves Robert** 🏠 nördl. K 1

Die erste umweltfreundliche Jugendherberge (330 Betten) in Paris entstand in einer umgebauten Halle der Eisenbahn SNCF unweit der Gare de l'Est, ausgezeichnet mit dem Öko-Label Green Key.

20, Esplanade Nathalie Sarraute/rue Pajol, 18. Arr., T 01 40 38 87 90, www.hifrance.org/auberge-de-jeunesse/paris--yves-robert.html, um 36 €/Pers. im DZ

### Schön bunt hier!
**Le Crayon Rouge** 🏠 Karte 2, H 4

Keine Angst vor Farben und Mustermix – die 15 Zimmer und 2 Juniorsuiten im Drei-Sterne-Hotel sind alle unterschiedlich und recht unkonventionell mit Retro-Tapeten und leuchtenden Farben gestaltet. Wie das nahe **Hôtel Crayon** (www.hotelcrayon.com) gehört der ›Rote Stift‹ einem Künstler und Weinliebhaber, deshalb gibt es neben der Vintage-Lounge auch eine kleine Wein- und Cocktailbar mit dem schönen Namen Spritzer.

42, rue Croix des Petits Champs, 1. Arr., T 01 42 36 54 19, www.hotelcrayonrouge.com, Métro: Les Halles oder Louvre-Rivoli, DZ 170–250 €

### Budget-Hotel
**Joyce Astotel** 🏠 G 1

Das Hotel mit 44 Zimmern, darunter auch Familienzimmer, liegt im angesagten SoPi-Viertel. Die recycelten Autositze im Frühstücksbereich unter einem Glasdach sind nur eine der witzigen Designideen in der Lobby. Frühstücksbuffet, alkoholfreie Getränke aus der Minibar im Zimmer und die Selbstbedienungsbar ab 13 Uhr sind kostenlos – unter den zahlreichen Pariser Hotels muss man sich ja irgendwie abheben …

29, rue La Bruyère, 9. Arr., T 01 55 07 00 01, www.astotel.com, Métro: Saint-Georges, DZ ab 95 €

---

**ÜBRIGENS**

Längst hat sich die **Online-Buchung** zum Regelfall entwickelt. Weil Hotelreservierungssysteme wie www.hrs.de und www.booking.com oder Buchungsportale wie www.expedia.de Provisionen abkassieren, ist es durchaus eine Überlegung wert, nach einem Preisvergleich direkt bei den Unterkünften zu buchen. Immer mehr Hotels machen inzwischen selbst Best-Price-Angebote. Feste Tarife gibt es immer seltener, viele Hotels orientieren sich im Rahmen einer dehnbaren Spanne jeweils an der Nachfrage. Wer an der Übernachtung sparen will, muss also entweder sehr kurzfristig oder ganz lange im Voraus buchen, um von **Frühbucher-** oder **Last-Minute-Tarifen** zu profitieren. Via Online-Buchung ohne Stornomöglichkeit kann man fast überall erheblich am Zimmerpreis sparen.

# In fremden Betten

### Familienglück in zentraler Lage
**Hôtel Jeanne d'Arc** 🏠 K 6
Das Hotel mit 36 kleinen Zimmern liegt inmitten des Marais unweit der lauschigen Place du Marché Sainte-Catherine. Das gepflegte Hotel mit freundlich-sympathischem Service hat ein Herz für Familien (es gibt auch 4-Bett-Zimmer) – eine Unterkunft für Gäste, die zentral wohnen und viel zu Fuß unternehmen möchten.
3, rue de Jarente, 4. Arr., T 01 48 87 62 11, www.hoteljeannedarc.com, Métro: Saint-Paul, DZ 135–185 € (in vier Kategorien)

### Beton statt Tapeten
**Hôtel Mama Shelter** 🏠 östl. M 5
Das Hotel mit 170 Zimmern, die von Philippe Starck gestaltet wurden, gibt sich ausgesprochen cool. Der moderne Bau mit Beton-Ästhetik liegt nahe dem Friedhof Père Lachaise im Multikulti-Viertel Belleville. Die Bäder sind aus ökologischen Gründen meist mit Dusche statt mit Badewanne ausgestattet. Im Sommer wird abends in der Rooftop Bar open air gegrillt. Auch Restaurant und Bar im Erdgeschoss sind sehr angesagt.
109, rue Bagnolet, 20. Arr., T 01 43 48 48 48, www.mamashelter.com, Métro: Gambetta, DZ 90–300 € (in vier Kategorien)

### Ein schönes Klischee
**Hôtel des Marronniers**
🏠 Karte 2, G 6
Hotel mit 37 Zimmern in sehr ruhiger Lage in einem Hinterhaus in Saint-Germain und typisch französisch. Frühstück im Wintergarten oder Garten mit Kastanienbäumen, Zimmer mit Stilmöbeln und Eichenbalken. Von den Zimmern nach hinten Blick auf die Kirche Saint-Germain.
21, rue Jacob, 6. Arr., T 01 43 25 30 60, https://hoteldesmarronniers.com, Métro: Saint-Germain-des-Prés, DZ 175–220 €

### Auf den Sattel schwingen
**Hôtel du Nord** 🏠 K 3
Das kleine Hotel mit 23 Zimmern setzt auf Hostel-Atmosphäre, Flohmarktinterieur, freigelegte Steinmauern, viele Bücher und andere liebevolle Details. Mit kostenlosem Fahrradverleih für Touren

*Mit Ausblick auf die Dächerlandschaft*

im entdeckenswerten Viertel den nahen Canal Saint-Martin entlang.
47, rue Albert-Thomas, 10. Arr., T 01 42 01 66 00, www.hoteldunord-leparivelo.com, Métro: Jacques-Bonsergent, DZ 90 €

### Mit Gleisblick
**Okko** 🏠 K 2
Gar nicht so unpraktisch, wenn man den Koffer gleich nach der Ankunft am Bahnhof im Hotel abstellen kann. Das Okko mit 170 Zimmern, Fitnessbereich und Sauna liegt unmittelbar an Gleis 2 der Gare de l'Est und in Fußweite der Gare du Nord. Nachtruhe ist trotzdem gegeben, Frühstück, Snacks und Aperitiv sind inklusive.
30A, rue d'Alsace, 10. Arr., T 01 40 03 10 06, www.okkohotels.com, Métro: Gare de l'Est, DZ um 160 €

### Kunstvoll am Kunstmuseum
**Hôtel de la Place du Louvre**
🏠 Karte 2, H 5
Hotel mit 20 Zimmern direkt am Louvre. Die modern eingerichteten Räume sind nach Malern benannt und mit Kunst dekoriert. Frühstücksraum mit Gewölbe. Reservieren Sie frühzeitig.
21, rue des Prêtres-Saint-Germain-l'Auxerrois, 1. Arr., www.paris-hotel-place-du-louvre.com, T 01 42 33 78 68, Métro: Pont-Neuf, Louvre-Rivoli, DZ 125–250 € (in vier Kategorien)

## In fremden Betten

### Kanalliebe
**St. Christopher's Inn** 🏠 nördl. L 1
Das bei Gästen aus aller Welt beliebte Backpacker-Hostel profitiert von der traumhaften Lage direkt am Canal Saint-Martin. Seit 2013 gibt es ein zweites Hostel an der Gare du Nord.
159, rue de Crimée, 19. Arr., T 01 40 34 34 40, www.st-christophers.co.uk, Métro: Riquet, Mehrbettzimmer ab 30 € pro Pers.

### Drama Queen
**Hôtel du Petit Moulin** 🏠 K 5
Das kleine Hotel mit 17 Zimmern im ruhigeren, nördlichen Teil des Marais belegt zwei historische Gebäude des 17. Jh. Im Innern des Designhotels wird es poppig-barock-elegant: Die extravagante Ausstattung stammt von Modedesigner Christian Lacroix.
29–31, rue de Poitou, 3. Arr., T 01 42 74 10 10, www.hoteldupetitmoulin.com, Métro: Sébastien-Froissart, DZ 185–400 € (in vier Kategorien)

### Musik liegt in der Luft
**Hôtel du Triangle d'Or** 🏠 F 3
In Zusammenarbeit mit Musikern wie Rickie Lee Jones, Archie Shepp, MC Solaar, Jacques Higelin und Manu Katché wurden jeweils die Zimmer einer gesamten Etage gestaltet – mal sind Percussion-Instrumente zum Nachttisch umfunktioniert, mal zieren goldene Schallplatten die Wand. Hörstationen laden zum Kennenlernen ihrer Alben ein. Mit Spa/Hammam.
6, rue Godot de Mauroy, 9. Arr., T 01 47 42 25 05, www.hoteldutriangledor.com, Métro: Madeleine, DZ 160–350 € (in drei Kategorien)

### Modern Sleeping
**Le Six** 🏠 F 8
Das Hotel mit 37 Zimmern liegt in einer Nebenstraße zwischen Jardin du Luxembourg und Montparnasse. Das Gebäude selbst stammt aus dem 19. Jh., alles andere entschieden aus der Gegenwart: Die Ausstattung setzt ganz auf Funktionalität, Eleganz, Komfort. Im Kellergewölbe ein kleines Spa mit orientalischem Hammam.
14, rue Stanislas, 6. Arr., T 01 42 22 00 75, www.hotel-le-six.com, Métro: Notre-Dame-des-Champs, DZ 200–400 € (in vier Kategorien)

### Boutique, chic, chic!
**Max** 🏠 südl. E 8
Das Hotel mit 19 Zimmern, zwei davon mit eigener Terrasse, besitzt auch einen kleinen Garten. Das wohnliche Design in Kombination mit familiärer Atmosphäre wiegt die nicht sehr zentrale Lage auf. Die Eigentümer betreiben auch das nicht weit entfernt gelegene, genauso empfehlenswerte **Hotel Fred** (www.hotel-fred.fr).
34, rue d'Alésia, 14. Arr., T 01 43 27 60 80, www.hotel-max.fr, Métro: Alésia, DZ 150–230 € (in zwei Kategorien)

### Lässig und relax
**9Hotel Opéra** 🏠 H 2
Kleines Designhotel mit 48 kleinen, aber funktionell und modern eingerichteten Zimmern zu günstigen Preisen. Alle Zimmer haben Parkettboden und WLAN-Zugang, in der freundlichen Lounge wartet eine kleine Bar. Neben dem Hotel im 9. Arrondissement gibt's zwei weitere: in Montparnasse und nahe der Place de la République.
14, rue Papillon, 9. Arr., T 01 47 70 78 34, www.9-hotel-opera-paris.fr, Métro: Poissonnière, DZ 95–300 € (in drei Kategorien); 9Hotel Montparnasse: 76 rue Raymond Losserand, 14. Arr., Métro: Pernety; 9Hotel République: 7–9, rue Pierre Chausson, 10. Arr., Métro: Jacques Bonsergent

**ÜBRIGENS**

Eine Regel sei ans Herz gelegt: Statt im Hotel zu frühstücken, kann man sich besser gleich zur Erkundung der Nachbarschaft aufmachen, egal wo die Unterkunft liegt, und schon morgens Pariser Atmosphäre schnuppern. Attraktiver als das meist karge und häufig für das Angebotene recht teure Hotelfrühstück ist ein **Kaffee zum Wachwerden** auf der nächsten einladenden Caféterrasse oder in einer Bäckerei. Wer mag, bestellt dazu ein Croissant oder eine Tartine (Baguette mit Butter, Käse oder Wurst).

**Satt & glücklich**

# Bistronomie

**Kaum eine andere Stadt weltweit zählt so viele Sterneköche wie Paris: von Alain Ducasse über Pierre Gagnaire und Guy Martin bis zu Guy Savoy (noch immer sind es fast ausschließlich Männer). Sie alle wissen, dass es in der französischen Metropole auch die zahlungskräftige Klientel gibt, die sich die Haute Cuisine und deren Preise jenseits von Gut und Böse leisten kann und will.**

Zum Glück eifern die jungen Kochtalente ihren großen Vorbildern nach, sodass man eine kreative Küche auch für weniger Geld bekommt. Ihr Credo: bloß keine weißen Tischdecken! In der Regel eröffnet der Nachwuchs eher kleine Bistros, in denen die Tische eng stehen und es statt steifer Luxus-Atmosphäre auch charmant unbeschwert zugehen kann. ›Bistronomie‹ heißt dieser Trend; anspruchsvolle Küche in familiärer Atmosphäre zu reellen Preisen. Serviert werden modernisierte Klassiker der Bistroküche, regional geprägte Landküche *(cuisine de terroir)* oder asiatisch inspirierte Fusionküche.

Andere Trends kommen stets mit ein wenig Verspätung in Paris an: Vegetarier haben es noch immer nicht leicht. Restaurants für sie gibt es kaum, dagegen eine wachsende Zahl an Imbissen. Man kann allerdings gut auf nordafrikanische, libanesische und jüdische Restaurants zurückgreifen. Auch vegane Take-aways, Foodtrucks, Rohkost – all das gibt es in Paris, aber Sie müssen es suchen. Verstärkt findet man dafür stylishe Lokale in Fashion Stores, Museen und Autohäusern.

## ASIEN IN PARIS

Chinesische und südostasiatische Lokale gibt's in **Belleville** (20. Arr.) und in **Chinatown** nahe der Place d'Italie (13. Arr.), japanische rund um die **Rue Sainte-Anne** (2. Arr.), Falafel und jüdische Imbisse in der **Rue des Rosiers** (4. Arr.).

## SPONTAN EINKEHREN

Rund 10 000 Restaurants soll es in Paris geben – in vielen Vierteln reiht sich eins an das nächste –, andererseits geben auch sechs Lokale pro Tag wieder auf! Wer sich beim Bummeln spontan zum Einkehren entschließen will, wird in **Saint-Germain** und im **Marais**, im **Quartier Latin** und am **Montmartre** schnell fündig.

*Auch im Comptoir Canailles fühlen sich junge Sterneköche wohl (restaurantcomptoircanailles.com).*

# Satt & glücklich

## SO BEGINNT EIN GUTER TAG IN PARIS

### In einem Café vor unserer Zeit
**Angelina** F 4

Das 1903 von der österreichischen Familie Rumpelmayr gegründete Kaffeehaus im Belle-Époque-Dekor ist liebenswert altmodisch und widersteht allen Moden. Noch heute ist das Lieblingslokal von Proust eine Institution an der Rue de Rivoli. Gerühmt wird die heiße Schokolade; wer nicht für einen Platz im Café anstehen will, bekommt sie auch in der Flasche zum Mitnehmen. Die zweite Spezialität ist Mont-Blanc, ein Gebäck mit Maronenpüree und Sahne.

226, rue de Rivoli, 1. Arr., www.angelina-paris.fr, Métro: Tuileries, Mo–Fr 7.30–19, Sa/So 8.30–19.30 Uhr

### Deftige Sache
**Claus** Karte 2, H 4

Sie mögen nicht immerzu Croissant oder Pain au Chocolat? Kein Problem: Im stylishen Café von Claus, dem deutschen Inhaber und Frühstücks-Pionier in der Baguette-Metropole, bekommt man auch Müsli, Eier mit Speck, Clubsandwich und Käsebrot zum Frühstück sowie frisch gepresste Säfte, hausgemachte Scones, Waffeln und Obstsalat. Da vermisst man den Lieblingsbäcker aus Deutschland gar nicht mehr. Dazu gibt's den vorzüglichen Kaffee aus der Pariser Rösterei Coutume.

14, rue Jean-Jacques Rousseau, 1. Arr., clausparis.com, Métro: Louvre-Rivoli, Mo–Fr 8–17, Sa/So 9.30–17 Uhr

### Bohnen-Boom
**Coutume Café** E 6

Der Trend zu kleinen Kaffeeröstereien und Coffeeshops macht sich auch in Paris bemerkbar. Das Coutume Café, einer der Vorreiter der ›Kaffeerevolution‹, ist so beliebt, dass mittlerweile drei Filialen in Paris und sogar eine in Tokyo existieren. In coolem Ambiente gibt's zum hervorragenden Kaffee, Espresso oder Cappuccino auch Frühstück (oder Mittagessen oder Kuchen).

47, rue de Babylone, 7. Arr., www.coutumecafe.com, Mo–Fr 8.30–17.30, Sa/So 9–18 Uhr

### Schauen und schmausen
**Le Petit Fer à Cheval** Karte 2, K 5

Nicht nur abends beliebt, auch morgens schon eine ideale Anlaufstelle zum Schauen auf das Treiben im Marais! Der Tresen in Hufeisenform *(fer à cheval)* ist von Nachbarn, Szenevolk und Touristen viel frequentiert. Die wenigen Tische zur Straße hin sind allerdings schnell besetzt, dann ist das **La Chaise aux Plafond** gleich um die Ecke in der Rue du Trésor eine Alternative zum Draußensitzen. Oder das **Etoile Manquante** nebenan – sie gehören ohnehin alle zusammen und servieren dasselbe Frühstück.

30, rue Vieille-du-Temple, 4. Arr., www.cafeine.com, Métro: Saint-Paul oder Hôtel de Ville, tgl. 9–2 Uhr

## WO ESSEN AUF NACHHALTIGKEIT TRIFFT

### Bunte Bento-Boxen
**Nanashi** K 4

Die zwei Nanashi-Restaurants sind neue Pariser Hotspots für gesundheits- und kalorienbewusste Trendsetter. Im minimalistischen Lokal mit Holzhockern und -tischen (**Nanashi Charlot**) oder in kantinenartigem Ambiente (**Nanashi Paradis,** 31, rue de Paradis, 10. Arr.) isst man Misosuppe oder japanisch inspirierte Bento-Boxen mit Fleisch, Fisch oder vegetarisch, kombiniert mit Salat und frisch gepressten Säften oder Tee. Das Bio-Obst und -Gemüse können Sie hier auch gleich kaufen.

57, rue Charlot, 3. Arr., T 01 44 61 45 49, Métro: Filles du Calvaire, Mo–Mi 12–15, 20–23, Do/Fr 12–15, 19.30–23, Sa/So 12–16, 19.30–23 Uhr, Snacks 3–8 €, Boxen ab 10 €

### 100 % glutenfrei!
**Noglu** M 6

Glutenfreie Gerichte, die im Restaurant verzehrt oder als Take-away mitgenommen werden können, gibt es hier und in der Filiale im 7. Arr. (69, rue de Grenelle). Mit Verzicht hat das im Noglu nichts zu tun, es gibt Fleisch, Fisch,

## Satt & glücklich

*Frenchie setzt auf schlichte Qualität und internationale Expertise in der Küche.*

vegetarische Gerichte, und als Tagesgerichte auch Pizza, Burger, Sandwiches und Buddha Bowls sowie Kuchen und Desserts.

15, rue Basfroi, 11. Arr., T 01 42 36 52 50, www.noglu.fr, Métro: Charonne, Mo–Fr 8.30–18 Uhr, Sa 10–18 Brunch, So 10–16 Brunch

### Fine Dining Eatery
**Frenchie** 🍴 H 3

Produktqualiät steht hier bei der frischen Marktküche an erster Stelle, die Lieferanten werden auf der Website genannt. Koch und Inhaber Gregory Marchand hat schon in New York, Hongkong und London gearbeitet, auch bei Jamie Oliver – seine Zeit im Ausland trug ihm auch den Spitznamen ›Frenchie‹ ein. Und man sieht den kosmopolitischen Einfluss am urbanen Ambiente des Lokals mit seinen Backsteinwänden und blanken Holztischen. Als Minilokal mit einer Handvoll Plätzen eröffnet, hat sich das Frenchie schnell zu einer Erfolgsgeschichte entwickelt und okkupiert jetzt die ganze Straße, neben dem Restaurant, der Weinbar und **Frenchie To Go** gibt es auch eine eigene Weinhandlung.

5–6, rue du Nil, 2. Arr, T 01 40 39 96 19, www.frenchie-restaurant.com, Métro: Sentier, Mo–Fr ab 18.30, Do, Fr auch 12–14, Weinbar (ohne Reservierungen) tgl. ab 18.30 Uhr, Frenchie To Go Mo–Fr 8.30–16.30, Sa/So 9.30–17.30 Uhr, Menü mittags 50 €, abends 84 €

### Bio beim Bäcker
**Rose Bakery** 🍴 H 1

Der schmale kleine Laden mit Mittagstisch ist außerordentlich beliebt, weil das britisch-französische Eigentümerpaar für Kuchen, Salate, Suppen und Tartes bevorzugt Bio-Zutaten von regionalen Produzenten verwendet, die man auch hier erwerben kann. Neben dem Laden in der Marktstraße Rue des Martyrs am Fuß des Montmartre (als aufstrebendes Trendviertel SoPi genannt, für South of Pigalle) gibt es Filialen im Musée de la Vie Romantique (9. Arr.) und im Kaufhaus Bon Marché (7. Arr.).

46, rue des Martyrs, 9. Arr., T 01 42 82 12 80, www.rosebakery.fr, Métro: Notre-Dame-de-Lorette, tgl. 9.30–18.30 Uhr, um 25 €

## INSTITUTIONEN UND SZENETREFFS

### Klassisch mit Update
**Astier** 🍴 L 4

Das 1930er-Jahre-Bistro ist so beliebt, dass meist alle Tische besetzt sind. Klassische Bistroküche, upgedatet: Weder

der Kartoffelsalat mit Hering noch das Täubchen fehlen auf der Karte, doch der Kabeljau wird mit Chorizo serviert, der Lachs mit Currysauce.
44, rue Jean-Pierre Timbaud, 11. Arr., T 01 43 57 16 35, www.restaurant-astier.com, Métro: Parmentier, Goncourt, tgl. 12.15–14.15, 19–22.30 Uhr, Menü 36 €

### »Schönste Brasserie von Paris«
**Bofinger** L 6
Die schon 1864 von einem Elsässer eröffnete älteste Brasserie der Stadt ist stets rappelvoll, laut – und ein echter Klassiker. Inmitten seiner spektakulären Belle-Epoque-Einrichtung unter einer Glaskuppel oder im ersten Stock werden Meeresfrüchte-Plateaus serviert und kommen kulinarische Standards wie Gänsestopfleber, Schweinsfüße, Fleischgerichte vom Grill und Sauerkrautplatten auf die Tische.
5, rue de la Bastille, 4. Arr., T 01 42 72 87 82, www.bofingerparis.com, Métro: Bastille, Mo–Sa 12–15, 18.30–24, So 12–23.30 Uhr, Menü 33 €, à la carte 55 €

*Versuchungen satt: in der Rose Bakery*

### Pariser Flair satt!
**Balzar** H 6/7
Direkt neben der Sorbonne liegt diese traditionelle Brasserie mit Art-déco-Ambiente, in der sich Professoren und Verleger zum Mittagessen treffen. Auf der Karte stehen Klassiker wie Ochsenmaulsalat, *cassoulet* (Bohneneintopf mit Gänsefleisch und Wurst), Kutteln, Lammkeule mit grünen Bohnen und als Spezialität *raie au beurre fondu* (Rochen in Kapern-Butter-Sauce). Gute Weinempfehlungen.
49, rue des Écoles, 5. Arr., T 01 43 54 13 67, www.brasseriebalzar.com, Métro: Cluny-La Sorbonne, tgl. 12–23.45 Uhr, Menü 29 €

### Aufgepeppt
**Bouillon Julien** J 3
Die Brasserie nahe der Porte Saint-Denis hat ihr historisches Ambiente bewahrt: Zementfliesen, Kronleuchter, Spiegel, Tresen, Jugendstilstuck und alte Säulen. Der Rest wurde von einem jungen Team aufgefrischt und sehr stylish in Grün und Violett modernisiert. Auf der Karte stehen schnörkellose Klassiker und solide Fleischgerichte nach dem Motto ›beau bon pas cher‹ (schön, gut, preiswert). Zu später Stunde wird das Lokal zur Cocktailbar und Anlaufstelle für Nachtschwärmer. Gemütlich mit Freunden dinieren ist hier genauso angesagt wie eine bezahlbare Mahlzeit in der Mittagspause.
16, rue du Faubourg Saint-Denis, 10. Arr., T 01 47 70 12 06, www.bouillon-julien.com, Métro: Strasbourg-Saint-Denis, tgl. 11.45–24 Uhr (Küche durchgehend)

**ÜBRIGENS**

Wer sparen will, geht mittags essen, denn dann bieten die meisten Restaurants **preisgünstigere Lunchmenüs** an. Im Durchschnitt sollten Sie mittags für Vorspeise, Hauptgericht, ein Getränk und einen Espresso mit circa 35 €, abends für ein Menü inklusive Apéritif und Wein pro Person mit etwa 50–60 € rechnen. Der **Besuch eines Spitzenrestaurants** schlägt pro Person am Ende dreistellig auf der Rechnung zu Buche. Die individuelle Zusammenstellung **à la carte** ist meist teurer als ein Menü. Die Aufgabe, bezahlbare Alltagsgerichte anzubieten, wird vor allem von den Cafés übernommen. Besonders preiswert sind die *formule* genannten Mittagsangebote mit Vorspeise und Tagesgericht bzw. Tagesgericht und Dessert.

## Satt & glücklich

### Sauerkraut beim Klassiker
**Floderer** 🍴 J 3
Die Belle-Epoque-Brasserie nahe der Gare du Nord ist stets sehr belebt. Elegant balancieren die Kellner an vollen Tischen und wartenden Gästen vorbei – die Schlange reicht auch schon mal bis auf die Straße. Schwerpunkt: elsässische Küche, Meeresfrüchte, Fisch und *choucroute* (Sauerkraut mit Würsten und Fleisch).
7, cour des Petites-Ecuries, 10. Arr., T 01 47 70 13 59, www.brasserieflo-paris.com, Métro: Château-d'Eau, tgl. 12–15, 19–24 Uhr (So/Mo nur bis 23 Uhr), Menü 35/49 €

### Wie in der guten alten Zeit
**Chez Georges** 🍴 Karte 2, H 4
Ein Bistroklassiker mit Stuck, alten Lederbänken und Spiegeln, in dem die Zeit stehen geblieben scheint, zwei Schritte von der Place des Victoires entfernt und unweit der Börse. Auch auf der Karte Bewährtes: Ochsenmaulsalat und Heringstopf, Geflügelleberterrine, Entrecôte und Seezunge. Alles in üppigen Portionen, guter Qualität (besonders auch das Fleisch) und in geselliger Enge.
1, rue du Mail, 2. Arr., T 01 42 60 07 11, Métro: Bourse, Mo–Fr 12–14.30, 19–23 Uhr, à la carte 60 €

### Die edle Provinz
**Aux Lyonnais** 🍴 G 3
Der Sternekoch Alain Ducasse hat das Traditionsbistro nahe der Börse übernommen. Im sehenswerten Interieur (mit Majorelle-Kacheln von 1890) serviert man verfeinerte Lyoneser Gerichte. Vorspeisen wie Paté kommen in Einmachgläsern, manche Hauptgerichte im gusseisernen Pfännchen auf den Tisch. Früh reservieren, die Mischung aus rustikal, retro und raffiniert ist derzeit sehr angesagt.
32, rue Saint-Marc, 2. Arr., T 01 58 00 22 06, www.auxlyonnais.com, Métro: Bourse oder Richelieu-Drouot, Di–Fr 12–14, 19.30–22, Sa 19–22 Uhr, Menü 35 €, à la carte 60 €

### In den Einkaufskorb, auf den Teller?
**Maison Plisson** 🍴 L 5
In immer mehr Pariser Geschäften kann man auch essen, selbst in Kunsthandwerksläden oder Modeboutiquen. Bei Plisson, einem großen Lebensmittelladen mit Bäckerei und Weinhandlung, gibt es die Zutaten gleich vor Ort: Frisches und Saisonales in guter Qualität von kleinen Produzenten, möglichst aus der Region.
93, bd. Beaumarchais, 3. Arr., T 01 71 18 19 09, lamaisonplisson.com, Métro: Saint-Sébastien – Froissart, Mo–Sa 9.30–21, So bis 20 Uhr, um 35 €

*Das Chez Georges setzt auf eine familiäre Atmosphäre, das spielt für Gäste und Mitarbeiter eine gleichermaßen große Rolle.*

# Satt & glücklich

*Baklava im Chez Omar*

## 1000 und 1 Couscous
**Chez Omar** 🍴 Karte 2, K 4
Nordafrikanisch-orientalische Küche, vor allem guter Couscous in verschiedenen Variationen, mit Huhn, Lamm, Rindfleisch, Merguez oder Gemüse. Das einfache Lokal mit Patina, freundlichem Service und lebhafter Atmosphäre ist schon lange beliebt: Da man nicht reservieren kann, muss man für einen Tisch meist anstehen.
47, rue de Bretagne, 3. Arr., T 01 42 72 36 26, Métro: Arts et Métiers oder Temple, Mo–Sa 12–14.30, 19–24 Uhr, à la carte 30 €

## EXPERIMENTIERFREUDIG UND UNGEWÖHNLICH

### Beim Erfinder der Bistronomie
**Comptoir du Relais Saint-Germain** 🍴 Karte 2, G 6
Der renommierte Koch Yves Camdeborde hat das Hotel Relais Saint-Germain nahe der Place de l'Odéon erworben und ein Minibistro mit simplem Dekor gleich nebenan. Mittags steht man hier immer Schlange um einen Platz, wenn sich die Küche auf gutbürgerliche Gerichte beschränkt, abends wird die Küche dann deutlich raffinierter – statt großer Karte gibt es nur ein Menü, das aber täglich wechselt. Im **Avant-Comptoir** (3, carrefour de l'Odéon) nebenan verzehrt man im Stehen vor dem Kino oder Theater eine Kleinigkeit zum Glas Wein.
9, carrefour de l'Odéon, 6. Arr., T 01 44 27 07 97, www.hotel-paris-relais-saint-germain.com, Métro: Odéon, tgl. 12–23 Uhr, Menü 50 € (abends)

### Ausgezeichnet!
**Chez Michel** 🍴 J 1
Thierry Breton bietet in diesem urtümlichen Bistro nahe dem Nordbahnhof bretonische und französische Küche. Die Aufmerksamkeit gilt eindeutig den Gerichten, nicht dem (eher schlichten) Ambiente – von mariniertem Lachs, Muscheln oder Austern bis zu Rindsbraten, Täubchen, Rotbarbe und Petersfisch ist alles erstklassig zubereitet. Unter den Desserts sind Paris-Brest (Blätterteig mit Nussbuttercreme) und der Kouighamann (Zuckerkuchen) legendär. Übrigens: Das benachbarte **Bistro Chez Casimir** gehört auch dazu (Nr. 6, T 01 48 78 28 80).
10, rue de Belzunce, 10. Arr., T 01 85 15 25 86, www.restaurantchezmichel.fr, Métro: Gare du Nord, Mo–Fr 11.45–14.30, 18.45–23 Uhr, Menü 35/38 € (manche Gerichte mit bis zu 10 € Aufpreis), à la carte um 55 €

ÜBRIGENS

Streetfood und Foodtrucks gibt es vielleicht deswegen recht wenig in Paris, weil man ohnehin überall auf die Schnelle essen kann. Fast jedes Café und jeder Salon de Thé bieten Essen an. Bei den Kunden beliebt sind vor allem die Delikatessen- und Weinhandlungen, die im Geschäft kleine Gerichte anbieten. Eines der hübschesten Beispiele ist das **Pipalottes Gourmandes** in der Rue de Rochechouart 49 (9. Arr., www.pipalottesgourmandes.com). Da jedes einzelne Pariser Viertel eine **Marktstraße** mit solchen Läden besitzt, von der Rue des Martyrs (9. Arr.) über die Rue Daguerre (14. Arr.) bis zur Rue Poncelet (17. Arr.), ist eine gute Mahlzeit in nettem Ambiente nie weit. Mehr als angesagt sind die Essstände mit dem kleinen **Marché des Enfants Rouges** im 3. Arrondissement (39, rue de Bretagne).

# Satt & glücklich

## Unterm Stern
**Les Fables de la Fontaine** 🍴 C 5
In dem kleinen (wie so oft in Paris sitzt man hier Ellbogen an Ellbogen), schicken Lokal mit einem Stern schwingt Mehdi Karamane das Kochszepter. Die Küche konzentriert sich auf Fisch und Meeresfrüchte und bietet hervorragende frische Gerichte – von Tintenfischsalat mit Quinoa und Garnelen auf Fenchelmousse bis zu mediterranen Fischzubereitungen – je nach Marktangebot des Tages.
131, rue Saint-Dominique, 7. Arr., T 01 44 18 37 55, www.lesfablesdelafontaine.net, Métro: Ecole Militaire, tgl. 12–14.30, 19–22.30 Uhr, mittags 28 €, Überraschungsmenü 75 €, à la carte 60 €

## Der Gourmet am Gleis
**Lazare** 🍴 F 2
Die Lage im belebten Bahnhof mag ungewöhnlich scheinen, aber auch in anderen Pariser Bahnhöfen gibt es anspruchsvolle Restaurants, etwa das legendäre **Train Bleu** in der Gare de Lyon (www.le-train-bleu.com). Spitzenkoch Eric Frechon hat hier im Erdgeschoss eine moderne, fast loftartige Brasserie eröffnet. Die gute Küche und der flinke Service ziehen auch Gäste ohne Fahrkarte an – viele Tische sind reserviert, und auch für die Plätze an der zentralen Bar bildet sich schnell eine Warteschlange. Morgens auch Frühstück.
Parvis de la Gare Saint-Lazare, Rue Intérieure, 8. Arr., T 01 44 90 80 80, www.lazare-paris.fr, Métro: Saint-Lazare, tgl. 7.30–24 Uhr, Hauptgerichte 19–44 €

## Oh, là, là, Haute Cuisine!
**Septime** 🍴 östl. M 6
Küchenchef Bertrand Grébeaut hatte schon einen Michelin-Stern, bevor er sich 2011 selbstständig machte, recht abgelegen im Ex-Arbeiterviertel Bastille. Das Lokal im gerade mega angesagten modernen Industrial Look ist ostentativ nicht schick, doch der Service so effizient wie im Gourmetlokal. Und ganz Paris schwärmt von der genialen Küche des Jungstars. Weil der Erfolg so groß ist, gibt's nebenan schon ein Zweitlokal, das **Clamato,** in dem das Essen ganz nonchalant in Emailleschüsseln serviert wird, und um die Ecke eine Weinbar.
80, rue de Charonne, 11. Arr., T 01.43.67.38.29, www.septime-charonne.fr, Métro: Voltaire, Mo 19.30–22, Di–Fr 12.15–14, 19.30–22 Uhr, Menü mittags 60, Sieben-Gänge-Menü 95 €

## Zum Küssen
**Baieta** 🍴 J 6/7
Der Name bedeutet im Nizzaer Dialekt Küsschen. Frankreichs einst jüngste Sterneköchin Julia Sedefdjian hat sich im Quartier Latin mit einem kleinen Restaurant selbständig gemacht. Hier stimmt einfach alles: die Qualität der mediterranen Gerichte, Service, Ambiente. Seinen Preis wert!
5, rue de Pontoise, 5. Arr., T 01 42 02 59 19, www.restaurant-baieta-paris.fr, Métro: Maubert-Mutualité, Di–Sa 12–14.30, 19–22.30 Uhr, Menü 45 € (mittags), 85 €

## Handwerk, das begeistert
**La Régalade** 🍴 Karte 2, H 4
Chefkoch Bruno Doucet hat sich mit seiner regional inspirierten und saisonalen Kochkunst viele Fans erworben, sodass hier eine Tischreservierung unumgänglich ist. Nach Stationen bei Gagnaire, im Apicius und Fouquet's versteht er sein Handwerk und begeistert. Obendrein ist

*Pariser Charme: bodentiefe Fenster, auf denen nicht selten auch mal die Speisekarte zu lesen ist.*

**Satt & glücklich**

Atemberaubende Ausblicke, abends Musik und kulinarische Köstlichkeiten gibt es im Georges, dem Restaurant im Centre Pompidou.

der Service freundlich und die Weinkarte ansprechend.

106, rue Saint-Honoré, 1. Arr., T 01 42 21 92 40, Métro: Louvre-Rivoli, www.laregalade.paris, tgl. 12.15–14.30, 19–23 Uhr, Menü 41/43 €

### Trés chic
**Macéo** 🍴 Karte 2, G 4

Das Restaurant nahe dem Palais Royal besitzt ein schönes Second-Empire-Dekor. Die Karte bietet kreative, leichte Mittelmeer-Gerichte, französische Klassiker und auch Vegetarisches. Die Weine sind nicht gerade günstig, aber ihren Preis wert. Sehr freundlicher Service.

15, rue des Petits-Champs, 1. Arr., T 01 85 15 22 56, www.maceorestaurant.com, Métro: Palais-Royal oder Bourse, Mo–Fr 12–14.30, 19.30–22.30, Sa nur 19.30–22.30 Uhr, Menü 35 € (mittags), 40 €

### Kreative Kombinationen
**Le Servan** 🍴 M 5

Die beiden Schwestern mit philippinisch-polnischen Wurzeln bezaubern ganz Paris: Tatiana Levha ist nach der Ausbildung in Drei-Sterne-Restaurants für die Küche zuständig, Katia für Service und Weinkeller. Mit asiatischen Einflüssen von Thailand bis Hongkong und französischer Kochkunst spielen sie auch bei den Gerichten, auf der täglich wechselnden Karte stehen dann mit Blutwurst gefüllte Wontons, Artischocken mit Erdnusssauce, Tofu mit Aubergine. Wie viele Newcomer eröffnete das Bistro in einem unscheinbaren Eckladen außerhalb des Zentrums im Osten. Holztische, Stuckdecke, Tresen, frische Blumen – mehr braucht es nicht, wenn die Gastgeberinnen so charmant sind.

32, rue Saint-Maur, 11. Arr., T 01 55 28 51 82, leservan.com, Métro: Saint-Maur oder Voltaire, Hauptgerichte 25–40 €, Mo 19.30–22.30, Di–Fr 12–14, 19.30–22.30 Uhr

### Melting Pot
**Ze Kitchen Galerie** 🍴 Karte 2, H 6

Hinter einem Glasfenster sieht man die Küchenbrigade von William Ledeuil wirbeln. Eine spannende Liaison von moderner Haute Cuisine und asiatischer Küchentradition. Der Service ist für Pariser Verhältnisse überdurchschnittlich, das Ambiente halb legeres Understatement, halb Kunstgalerie. Einen preiswerten Ableger, genannt **KGB** (Kitchen Galerie bis), gibt's in Nr. 25 derselben Straße (www.kitchengaleriebis.com).

4, rue des Grands-Augustins, 6. Arr., T 01 44 32 00 32, www.zekitchengalerie.fr, Métro: Saint-Michel, Mo–Fr 12–14.30, 19–23, Sa 19–23 Uhr, Menü Mo–Fr 48 € (mittags), 85/98 €

# Stöbern & entdecken

# Haute Couture ist Kunst!

**Chanel, Dior, Hermès: Rund um die Champs-Elysées, in Avenue Montaigne, Rue François-Ier und Rue du Faubourg Saint-Honoré, reihen sich die klangvollen Namen der Haute Couture aneinander – auf Preisschilder im Schaufenster wird gnädig verzichtet.**

Neben Wein, Champagner und teuren Düften ist Frankreichs Mode wichtigster Exportschlager. Nach wie vor ist die Metropole die Modehauptstadt der Welt, auch wenn inzwischen häufig britische, belgische oder japanische Designer für die Modelinien verantwortlich sind. Für ihren legendär schicken Look hat die stylishe Pariserin aber eher erschwinglichere Modelabel von Agnes B. bis Isabel Marant im Kleiderschrank und kombiniert sie mit Vintage-Teilen und neutralen Basics.

Eine große Auswahl an Parfüm, Kosmetik, Dessous, Accessoires und Mode im Shop-in-Shop-System bieten die Luxuskaufhäuser wie die Galeries Lafayette nahe der Oper und das Bon Marché auf dem linken Seine-Ufer.

Auch wer sich mehr für Lifestyle und Wohnen, Küche und Kochen, Bücher oder Musik interessiert, auf Flohmärkten stöbern oder in Concept Stores nach neuen Trends Ausschau halten will, kann den Shoppingbummel in Paris ausgiebig genießen. Selbst ohne etwas zu kaufen, denn die Belle-Epoque-Kaufhäuser, die glasüberdachten Passagen, die bunten Wochenmärkte und Marktstraßen in den Vierteln, ideenreich gestaltete Boutiquen und traditionsreiche Fachgeschäfte sorgen für Flair und pure Freude am Schaufensterbummel.

## RIVE GAUCHE ...

Viele Modedesigner haben Boutiquen in **Saint-Germain-des-Prés** (6. Arr.), rund um die Métrostation Sèvres-Babylone, eröffnet. In den benachbarten Straßen Rue du Cherche-Midi, Rue des Saints-Pères und Rue de Rennes findet man Mode, schicke Handtaschen und elegante Schuhe.

## ... RIVE DROITE

Auf der anderen Seite der Seine bilden die **Rue Saint-Honoré** und die **Place de la Madeleine** das zweite Bermudadreieck, in dem sich schöne Geschäfte aneinanderreihen. Junge Avantgarde-Mode gibt's rund um die **Place des Victoires** (2. Arr.) und im **Marais** (4. Arr.), immer häufiger in dessen nördlichem Teil rund um die **Rue de Poitou** (3. Arr.).

*Die Pariser Mode – spannend, außergewöhnlich, schrill, luxuriös – aber tragbar?*

## Stöbern & entdecken

### LES- UND HÖRBARES

#### Oldfashioned
**Galignani** 🔒 F 4
Die englische Buchhandlung bezeichnet sich selbst als die älteste auf dem Kontinent. In gediegenem Ambiente an der eleganten Rue de Rivoli stöbern Sie in einer großen Auswahl an Kunstbildbänden, französischer Literatur und englischer Fiction und Non-Fiction.
224, rue de Rivoli, 1. Arr., www.galignani.com, Métro: Tuileries, Mo–Sa 10–19 Uhr

#### Der Kassenschlager
**Fnac** 🔒 Karte 2, H 4
Fnac ist Frankreichs umsatzstärkste Buch- und Medienhandelskette; weitere Filialen gibt es in der Rue de Rennes (6. Arr.) und an den Champs-Elysées (8. Arr.).
im Forum des Halles, 1. Arr., www.fnac.com, Métro: Les Halles, Mo–Sa 10–20, So 11–19 Uhr

### LECKER UND GUT SOLL'S SEIN!

#### Königlicher Lieferant
**Debauve & Gallais** 🔒 Karte 2, G 6
Die feinen Schokoladen und Bonbons des einstigen Hoflieferanten begeisterten schon Proust und Balzac.
30, rue des Saints-Pères, 7. Arr., www.debauve-et-gallais.fr, Métro: Saint-Germain-des-Prés, Mo–Sa 9–19 Uhr

#### Spicy
**Epices Roellinger** 🔒 G 3
Der überregional bekannte Küchenchef Olivier Roellinger mit Restaurant in der Bretagne eröffnete in Paris einen Gewürzladen. Tolles Sortiment von Piment d'Espelette bis zu Vanille aus Madagaskar, außerdem eigene Mischungen, Salz- und Pfefferspezialitäten, Öle und fein komponierte Kräutertees.
51, rue Sainte-Anne, 2. Arr., www.epices-roellinger.com, Métro: Pyramides, Di–Sa 10–19 Uhr

#### Schlemmerparadies
**Grande Epicerie** 🔒 F 6
Die schicke Lebensmittelabteilung des Kaufhauses Bon Marché wurde 2014 nochmals erweitert. Im Untergeschoss finden sich Weine und Spirituosen, im Erdgeschoss eine riesige Auswahl an Kulinaria – nicht nur das Mineralwasserregal beeindruckt mit Vielfalt! Heimtextilien und Kochequipment sowie drei Lokale erweitern das Angebot.
38, rue de Sèvres, 7. Arr., www.lagrandeepicerie.com, Métro: Sèvres-Babylone, Mo–Sa 8.30–21, So 10–20 Uhr

#### Klassischer Käsestrudel
**Florence Kahn** 🔒 Karte 2, K 5,
Leckere Sachertorte, Nuss-, Käse-, Mohnstrudel. Eine weitere gute jüdische Bäckerei findet man in **Haus Nr. 27, Rue des Rosiers.**
24, rue des Ecouffes, 4. Arr., www.florence-kahn.fr, Métro: Saint-Paul, Mi–So 10–19 Uhr

#### Ducasse macht in Schokolade …
**Manufacture Alain Ducasse** 🔒 L 6
Der Sternekoch ist der Alfons Schuhbeck Frankreichs – immer größer wird sein kulinarisches Imperium. Seine nostalgisch gestylte Schokoladenmanufaktur überzeugt durch handwerkliche Qualität bei Tafeln, Pralinen, Mandeln und Nüssen in Schokohülle und feinen Schokoladenfrüchten.

**ÜBRIGENS**

Im Januar und im Juli verwandeln sich Kaufhäuser wie Edelboutiquen in Wühltische – bei den ›soldes‹, dem **Winter-** und **Sommerschlussverkauf,** gibt es kräftige Rabatte. In einem Zeitraum von sechs Wochen wird gleich mehrmals reduziert – übrigens nicht nur Mode, sondern auch Tisch- und Bettwäsche, Geschirr und andere Waren. In den ersten Wochen werden Nachlässe von 30–50 % gewährt. Wird die ›deuxième marque‹ ausgerufen, können teilweise Waren mit 75 % oder bis zu 90 % Rabatt erworben werden.

## Stöbern & entdecken

### WOCHENMÄRKTE

Unter den über 70 städtischen Märkten ist die leicht ansteigende **Rue Mouffetard** (5. Arr.) im Quartier Latin fotogen, aber bereits im Würgegriff zahlloser Imbisse. Recht lebendig sind die Marktstraßen **Rue Montorgueil** (2. Arr.) und die steile **Rue Lepic** (18. Arr.) am Montmartre, trendy der **Marché des Enfants Rouges** an der Rue de Bretagne (3. Arr.) im nördlichen Marais, farbig und lebhaft mit nordafrikanischem Touch ist der Markt rund um die **Place d'Aligre** (12. Arr.), multikulti und mit 3,5 km der längste ist der **Markt in Belleville.** Eine alte Markthalle besitzen der **Marché Saint-Quentin** am Boulevard Magenta (10. Arr.) nahe der Gare de l'Est und der schon genannte Markt an der Place d'Aligre. Jeden Sonntagvormittag findet am **Boulevard Raspail** ein Bio-Markt mit Ökoprodukten statt sowie samstags auf der **Place Brancusi** (14. Arr.) und dem **Boulevard des Batignolles** (17. Arr.). Infos auf der Website der Mairie (ww.paris.fr und marche. equipement.paris.fr/touslesrhoraires).

40, rue de la Roquette, www.lechocolat-alain ducasse.com, Métro: Bastille, Mo–Sa 10.30–19 Uhr

### Lieblingstee
**Mariage Frères** 🛈 Karte 2, J 5
Rund 500 Sorten Tee in einem Laden, den es schon seit 1854 gibt. Von jungen Herren in fast kolonialer Aufmachung wird der Tee nach Wunsch abgewogen. Selbst die Teebeutel sind hier von erster Güte, und mit den saisonalen Mischungen kann man immer Neues entdecken. Kleiner **Salon de thé** im hinteren Teil des Ladens. Filialen in der Rue des Grands-Augustins (6. Arr.) und in der Rue Montorgueil (2. Arr.).

30, rue du Bourg-Tibourg, 4. Arr., www.mariage freres.com, Métro: Hôtel de Ville, tgl. 10.30–19.30 Uhr

### FLOHMARKT DER SUPERLATIVE

#### Stundenlanges Stöbern
**Marché aux Puces de Saint-Ouen**
🛈 südl. E 8
Mit knapp 3000 Händlern bietet der große Pariser Flohmarkt Tand, Talmi, Teures – auch echte Trouvaillen. Hunderttausende Besucher stöbern hier am Wochenende nach Jugendstilglas und Limoges-Porzellan, Möbelklassikern und alten Textilien, aus Altbauten geretteten Flügeltüren oder alten Kupferpfannen. Gut zu wissen: Offiziell hat der Flohmarkt auch montags geöffnet, doch etwa die Hälfte der Händler zieht es dann vor, ihren Stand oder Laden geschlossen zu lassen.

Porte de Clignancourt www.marcheauxpuces-saintouen.com, Métro: Porte de Clignancourt oder Garibaldi, Sa 9–18, So 10–18, Mo 11–16 Uhr

### KITSCH, KUNST, KURIOSES

#### Der Duft der Pariser Oper
**Astier Villatte** 🛈 Karte 2, G 4
Die beiden jungen Designer der Manufaktur stellen weiße Porzellan-Unikate mit nostalgischem Touch und bewusst handgemachtem Charme her. Im Laden mit historischer Einrichtung findet man auch ausgefallene Kunst- und Designobjekte und eine ungewöhnliche Duftkollektion von Duftkerzen über parfümierte Räucherstäbchen (mit der Note Pariser Oper beispielsweise) bis zu Geschirrspülmittel (mit Bergamotte-, Salbei- oder Pfefferduft).

173, rue Saint-Honoré, 1. Arr., www.astierdevillat te.com, Métro: Palais-Royal, Mo–Sa 11–19.30 Uhr

## Stöbern & entdecken

### Italienische Tischkultur
**Borgo delle Trovaglie** 🛍 L 4
Im Showroom der italienischen Interiormarke gibt es Schönes fürs Zuhause: Leinen in vielen Farben, als Tischdecke, Läufer oder Serviette, rustikales Geschirr und Besteck. Kleiner Geheimtipp ist das italienische Bistro im Laden.
4, rue du Grand Prieuré, 11. Arr., www.borgodelletrovaglie.com, Métro: Oberkampf, Mo–Sa 10–19.30, Bistro Mo–Sa 12.15–14.30, 19.30–22.30 Uhr

### Recycling aus Afrika
**CSAO** 🛍 K 5
Afrikanische Textilien, modernes Kunsthandwerk, originelle Recyclingwaren – etwa Eiffeltürme aus Konservendosen, bunte Plastikfußmatten, mit Perlen bestickte Sessel oder bemalte Glasteller.
9, rue Elzévir, 3. Arr., www.csao.fr, Métro: Saint-Paul, Mo–Sa 11–19, So 14–19 Uhr

### Retro-Plakate
**enograph** 🛍 K 5
Große Auswahl an Vintage-Plakaten mit dem Charme von einst, ob mit alten Gemüsesorten, Baguettes, Reisemotiven, Kakteen oder exotischen Papageien. Ähnlich schöne Motive gibt es auch als Geschenkpapier.
89, rue de Turenne, 3. Arr., enograph.fr, Métro: St-Sébastien-Froissart, tgl. 10–19.30, Sa bis 20 Uhr

### Papierkunst
**Papier Tigre** 🛍 K 4
Geschenkpapier, Notizbücher, Kalender, Etiketten, Büroartikel, Grußkarten – feinste Papierkunst mit originellen Designs.
5, rue des Filles du Calvaire, 3. Arr., www.papiertigre.fr, Métro: Filles du Calvaire, Mo–Fr 11.30–19.30, Sa 11–20 Uhr

### Profi-Utensilien für Hobbyköche
**E. Dehillerin** 🛍 Karte 2, H 4
Gestylt ist der Laden wirklich nicht, sondern eher eine Art Warenlager – aber das Sortiment des traditionsreichen Geschäfts für Kochequipment reicht vom Wiegemesser bis zum Kochtopf für Hundertschaften. Hobbyköche nutzen in Paris gern die Chance, ihre Küche aufzurüsten, etwa mit Kupferkasserollen, Gusseisenbrätern und anderen Profiküchenutensilien zum Backen und Brutzeln. In der Nachbarschaft von Dehillerin reihen sich in der Rue Montmartre gleich drei weitere Geschäfte fast aneinander: **A. Simon**, **Bovida** und **Mora.**
18, rue Coquillère, edehillerin.fr, Métro: Les Halles, Mo 9–12.30, 14–18, Di–Fr 9–19, Sa 9–18 Uhr

*Die Straßen von Paris sind bunt und immer wieder wartet etwas Neues auf Sie, wie diese arabische Buchhandlung in Château Rouge.*

## Stöbern & entdecken

### Praktisches und Unnützes
**Fleux** 🏠 Karte 2, J 5

Design und Kitsch, Nützliches und Überflüssiges in großer Auswahl. Unter den Büro-, Garten- und Küchenartikeln, den Lampen und Möbeln findet man hier im Marais sicher hübsche Mitbringsel.

39, 40, 43 und 52, rue Sainte-Croix de la Bretonnerie, 4. Arr., www.fleux.com, Métro: Hôtel de Ville, Mo/Di 11–20, Mi–Fr 11.15–20.15, Sa 11–20.15, So 12–20.15 Uhr

### Wunderbare Wohnideen
**Merci** 🏠 L 5

Im loftartigen Concept Store gibt's ausgewählte Objekte von modern bis Vintage: Kochutensilien, Wohnaccessoires, Schreibwaren, Textilien, Möbel. Zum Laden gehören ein Café voller antiquarischer Bücher und die **Cantine Merci**, in der mittags aus der Bio-Küche serviert wird.

111, bd. Beaumarchais, 3. Arr., www.merci-merci.com, Métro: Sébastien-Froissart, Mo–Sa 10–19.30 Uhr

### French Design
**Sentou** 🏠 Karte 2, K 5/6

Zeitgenössisches Design von Tsé & Tsé, 100drine, Brigitte de Bazelaire und Isamu Noguchi: Lampen und Lichterketten, Vasen, ungewöhnliches Mobiliar.

29, rue François-Miron, 4. Arr., www.sentou.fr, Métro: Hôtel de Ville, Di–Sa 11–19 Uhr

---

## MODE UND MEHR

### Längst eine Legende
**Bon Marché** 🏠 F 6

Das einzige Kaufhaus auf der Rive Gauche, sehr schick, große Auswahl an Designermode sowie eine gut sortierte Lebensmittelauswahl im Nebengebäude.

5, rue Babylone, 7. Arr., www.lebonmarche.com, Métro: Sèvres-Babylone, Mo–Sa 10–20, Do bis 20.45, So 11–19.45 Uhr

### Erschwinglich
**Agnès B.** 🏠 Karte 2, H 4

Mehrere Läden für Herren, Damen und Kinder mit qualitativ guter, zeitlos klassischer Mode. Filiale in der Rue du Vieux Colombier (6. Arr.).

Rue du Jour, 1. Arr., www.agnesb.fr, Métro: Les Halles, Mo–Sa 10.30–19.30 Uhr

### Think pink!
**Antoine et Lili** 🏠 K 2

Poppiger Szeneladen mit Vorliebe für Pink und freche, preisgünstige Mode. Teils wird die eigene Marke vertrieben, teils andere junge Designer.

95, quai de Valmy, 10. Arr., www.antoineetlili.com, Métro: Jacques Bonsergent, Mo–Sa 10.30–19.30, So 11–19 Uhr

### Für Cowboys und Cowgirls
**La Botte Gardiane** 🏠 M 6

Für die berühmten Stiefel aus der Camargue müssen Sie nicht bis nach Südfrankreich fahren, der Laden in Paris führt neben dem Traditionsschuhwerk der *gardians*, der berittenen Stier- und Pferdehüter, auch Stiefeletten und Sandalen.

25, rue de Charonne, 11. Arr., www.labottegardiane.com, Métro: Ledru-Rollin, Mo–Fr 11–14, 15–20, Sa 11–20 Uhr

### Traditionshaus
**Galeries Lafayette** 🏠 G 2

Große Parfümerieabteilung im Erdgeschoss, hochwertige Mode, Dessous und Accessoires, große Gourmetabteilung im Gebäude gegenüber. Schöne Aussicht von der Dachterrasse.

40, bd. Haussmann, 9. Arr., haussmann.galerieslafayette.com, Métro: Chaussée-d'Antin, Mo–Sa 9.30–20.30, So 11–20 Uhr

### Die Riech-Expertin
**Goutal** 🏠 F 4

Im (eigentlich so femininen) Reich der Flakons und Düfte setzen sich nur selten weibliche Riechprofis durch: Annick Goutal ist die Ausnahme.

14, rue de Castiglione, 1. Arr., www.goutalparis.com, Métro: Tuileries, Mo–Sa 10–19, So 12–19 Uhr

### Schuhmanufaktur
**Heschung** 🏠 F 6

Seit 1934 werden die sportlich-eleganten Schuhe aus bestem Leder und in handwerklicher Qualität im Elsass gefertigt. Eine Investition wert! Filiale in der rue du Marché Saint-Honoré (1. Arr.).

18, rue du Vieux Colombier, 6. Arr., www.heschung.com, Métro: Saint-Sulpice, Mo–Sa 10–19 Uhr

### High Snobiety
**Hermès** 🛍 E 3

Feinstes Leder für Handtaschen, Portemonnaies und Gürtel in klassischem Schick. Qualität hat ihren Preis: Für das Markenzeichen des ehemaligen Sattlerbetriebs, edle Seidentücher, muss man tief in die Tasche greifen. Für die schicke Filiale in Saint-Germain wurde ein ehemaliges Schwimmbad umgebaut (in der Rue de Sèvres).

24, rue du Faubourg-Saint-Honoré, 8. Arr., www.hermes.com, Métro: Madeleine, Mo–Sa 10.30–18.30 Uhr

### Mit Wiedererkennungswert
**Christian Louboutin** 🛍 Karte 2, H 4

Schuhe wie Kunstwerke, High-Heels zum Niederknien. Markenzeichen des französischen Edelschuh-Designers ist die knallrote Sohle.

19, rue Jean-Jacques Rousseau, 1. Arr., www.christianlouboutin.com, Métro: Louvre-Rivoli, Mo–Sa 10.30–19 Uhr

### Welche Farbe darf es sein?
**Bensimon** 🛍 K 5

Bunte Turnschuhe im Tennis-Look aus Baumwollstoff sind einer der Renner von Bensimon. Französische Promis wie Sophie Marceau machten den Schuh zum Trendtreter. Neben Mode für jeden Tag finden Sie bei Bensimon auch bunte Umhängetaschen, Geldbörsen und Rucksäcke. Und weitere Filialen im Zentrum: 20, rue des Pyramides und 83, quai de Valmy.

8, rue des Francs-Bourgeois, 3. Arr., www.bensimon.com, Métro: Saint-Paul, Chemin-Vert, tgl. 11–19.30 Uhr

### Für Nixen
**Pain de Sucre** 🛍 F/G 4

Unterwäsche und Bademode sowie Pareos aus Marseille. Alle Einzelteile in vielen Farben und Mustern, die man toll kombinieren kann.

11, rue du Marché Saint-Honoré, 1. Arr., www.paindesucre.com, Métro: Tuileries, Mo 13–19, Di–Sa 11–19 Uhr

### Keine(r) kann mehr ohne ...
**Isabel Marant** 🛍 L 6

Mit ihrer femininen Meltingpot-Mode ist Isabel Marant in *tout Paris* (und bei Promis weltweit) äußerst erfolgreich. Weitere Filialen im Zentrum: 47, rue de Saintonge und 1, rue Jacob.

16, rue de Charonne, 11. Arr., www.isabelmarant.tm.fr, Métro: Bastille oder Ledru-Rollin, Mo 11–19.30, Di–Sa 10.30–19.30 Uhr

### Japanisches aus dem Flakon
**Shiseido** 🛍 Karte 2, G 4

Japanische Düfte und Kosmetik im Palais-Royal im Stil einer Parfümerie des 19. Jh. Ausgestellt werden nur Flakons, Tiegel und Tuben sind in den Wandschränken.

142, Galerie de Valois, 1. Arr., www.salons-shiseido.com, Métro: Palais-Royal, Mo–Sa 11–19.30 Uhr

### Made in France
**Le Slip Français** 🛍 K 4

Unten drunter *bleu-blanc-rouge*? Bade- oder Pyjamahosen mit patriotischem Gummibündchen? Herren- und Damenwäsche zeigen Nationalstolz aber nicht nur im Design, sondern sind auch »100 % made in France«.

137, rue Vieille du Temple, 3. Arr., www.leslipfrancais.fr, Métro: Saint-Sébastien-Froissart, Mo 11–14, 15–19, Di–Sa 11–20, So 14–19 Uhr

*Die Pariserin gilt als Sinnbild für die gepflegte Großstädterin schlechthin.*

**Wenn die Nacht beginnt**

# Heute hier, morgen da …

**Die Pariser Nacht beginnt in Cafés, Bistros und Szenelokalen, in denen man vor dem Kino oder Livekonzert ein Glas mit Freunden trinkt. Erst nach Mitternacht füllen sich die Discos und Clubs. Wie in allen Metropolen wechselt auch in Paris das, was gerade angesagt ist, schnell: Ganze Stadtviertel können ›in‹ sein und schon bald wieder ›out‹.**

Beliebt sind kurzlebige *(ephémère)* Events und Partys im Berlin-Style, die von Gast-DJs oder professionellen Partyorganisatoren an wechselnden, möglichst ausgefallenen Locations veranstaltet werden.

Cocktailbars führten lange ein Schattendasein in Paris – vielleicht fehlte eine ausgeprägte Barkultur, weil Frankreich ein Weinland ist. Inzwischen entwickelt sich in Paris, was in New York oder London schon seit Jahrzehnten angesagt ist: Immer mehr stylishe Lokale locken jede Menge junges Volk an, neuerdings auch in luftiger Höhe – Paris entdeckt sein Faible für Rooftop-Bars. Nicht nur die Bars der luxuriösen Grandhotels wie Peninsula, Ritz oder Plaza Athénée sind angesagte Ausgeh-Adressen, vor allem auch sich trendy gebende Designhotels eröffnen eigene Bars. Vorreiter für diesen Trend war das Mama Shelter (▶ S. 88).

Das Kulturprogramm der Hauptstadt ist überwältigend. Die immer wieder totgesagte, aber lebendige Jazzszene etwa profitiert davon, dass internationale Stars bei Europatourneen auf jeden Fall auch in Paris gastieren. Die ganze Bandbreite von Klassik bis Pop und Rock gibt sich hier nicht nur zur Festivalzeit im Herbst die Klinke in die Hand.

### AUSGEH-VIERTEL …

… für moderne **Bohemiens** und andere **Lebenskünstler** sind Saint-Germain, Montparnasse, Bastille, das Hallenviertel und Marais, den **internationalen Jetset** zieht es an die Champs-Elysées. Die nächtliche **Hipster-Szene** ist vom (teuren) Zentrum in die äußeren Bezirke abgewandert, Richtung Oberkampf, Belleville, Charonne, Canal Saint-Martin, Ménilmontant, Montreuil, Pigalle. Seit am Seine-Ufer immer mehr **Partyboote** ankern, wandeln sich die **Quais** an schönen Sommerabenden zur Feiermeile – insbesondere von der Nationalbibliothek bis zu den Docks und zwischen Pont Alexandre III und Pont de la Concorde. Die **Kneipenszene für Gays** ist recht groß und konzentriert sich im Marais, rund um die Rue Sainte-Croix de la Bretonnerie, die Rue des Blancs-Manteaux und die Rue du Temple.

*Trendsetter: die lässige Bar des Mama Shelter.*

**Wenn die Nacht beginnt**

## BARS UND SZENELOKALE

### Speakeasy
**Candelaria** ⭐ K 4
Hinter der mexikanischen Taqueria versteckt sich eine Cocktailbar, Trendsetterin für all die angesagten Speakeasy-Bars, die sich mit unscheinbaren Türen tarnen und in Paris wie Pilze aus dem Boden schießen, obwohl es gar keine Alkohol-Prohibition gibt. Freundliche tätowierte Barkeeper versorgen die Gäste mit Cocktails wie ›Guêpe verte‹, der grünen Wespe, oder mit Tequila- und Mezcal-Flights, vier Sorten zum Durchprobieren.

52, rue de Saintonge, 3. Arr., www.quixotic-projects.com/venue/candelaria, Métro: Filles du Calvaire, Bar tgl. 18–2, Restaurant bis 23 Uhr

### Rooftop
**Le Perchoir Marais** ⭐ Karte 2, J 5
Die coole Dachbar auf dem Kaufhaus BHV ist im Sommer ein angesagter Anlaufpunkt für den *apéro* mit Blick auf die Dächer von Paris. Freitags und samstags müssen Sie für einen Platz in der Rooftop Bar meist Schlange stehen.

37, rue de la Verrerie, 4. Arr., www.leperchoir.tv, Métro: Hôtel de Ville, Juni–Sept. Di–Fr 20.15–1.30, Sa 20.45–1.30 Uhr

### ›Très chic‹ mit Ausblick
**Monsieur Bleu** ⭐ C 4
In Paris ist der Übergang fließend vom Szenerestaurant zum Tanzlokal oder zur Bar – und eher eine Frage der Uhrzeit: Erst wird diniert, dann beginnt das Nachtleben. Das hippe, todschicke Restaurant versteckt sich im Seitenflügel des Palais de Tokyo. Von den Tischen am Fenster und der Terrasse blicken Sie auf den (abends beleuchteten) Eiffelturm. Raffinierte internationale Küche.

20, avenue de New-York, 16. Arr., monsieurbleu.com, Métro: Trocadéro, tgl. 12–2 Uhr, Reservierung online

### Das Original
**Buddha Bar** ⭐ E 3
Szenerestaurant nahe der Place de la Concorde, mit stimmungsvollem Dämmerlicht und riesigen Bronze-Buddha. Die fernöstlich-kalifornisch inspirierte Küche lockt Models, Designer und Anhang, die CD-Kompilationen wurden zu Bestsellern.

8, rue Boissy d'Anglas, 8. Arr., www.buddhabar.com, Métro: Concorde, Mo–Fr 12–2, Sa/So 18–2 Uhr

### Chillout im Sommer
**Rosa Bonheur sur Seine** ⭐ E 4
Nach der Guinguette, der hübschen Gartenwirtschaft im Parc des Buttes-Chaumont, eröffnete Rosa Bonheur (nach der französischen Malerin) am Seine-Ufer einen bewirtschafteten Kahn – seither tummeln sich auch hier an schönen Sommerabenden feierlustige Partygänger.

Port des Invalides, quai d'Orsay, 7. Arr., T 01 47 53 66 92, http://rosabonheur.fr, Métro: Invalides oder Champs-Elysées-Clémenceau, Mo/Di 18–24, Mi–Sa 12–2, So 12–24 Uhr

### Koloniales Flair
**China** ⭐ L 7
Der Look von Restaurant und Bar erinnert an einen Club im kolonialen Shanghai der 1930er-Jahre. Zigarrenlounge oben; gute Cocktails und umfangreiche Weinkarte. Regelmäßig Jazz-, Pop- und Soul-Gigs.

50, rue de Charenton, 12. Arr., www.lechina.eu, Métro: Ledru-Rollin, So–Do 12–2, Fr, Sa 12–4 Uhr

### Alternativ und engagiert
**Le Comptoir Général** ⭐ K 3
Das 600 m² große Lokal im Shabby-Chic-Look mit Blues und Jazz als Soundtrack und Weltküche nennt sich selbst ›Ghetto Museum‹, versteht sich als soziales und kulturelles Projekt und scheint direkt aus Afrika oder Kuba importiert.

80, quai de Jemmapes, 10. Arr., www.lecomptoirgeneral.com, Métro: Goncourt oder République, Mo–Do 18–2, Fr 16–2, Sa/So 14–2 Uhr

### Stilmix
**Delaville Café** ⭐ J 3
Nicht nur die große Terrasse ist ein Pluspunkt, im Innern wurde das Café radikal entschlackt und zeigt jetzt halb kahle Mauern mit Industriecharme, halb Belle-Epoque-Mosaiken. Abends sind regelmäßig DJs zu Gast.

# Wenn die Nacht beginnt

*Für seine 50er-Jahre-Parties berühmt: Le Balajo*

34, bd. Bonne Nouvelle, 10. Arr., http://delaville paris.com, Métro: Bonne Nouvelle, tgl. 8.30–2 Uhr

### Very British
**The Frog & Rosbif** ✺ Karte 2, J 4
Im Pub in der Fußgängerzone der Rue Saint-Denis werden Guinness und Biere mit kuriosen Namen (Ba Ba Boom, Tha… Wack! Zonk) gezapft und bei Rugby- und Fußball-Übertragungen im TV fließt es hier in Strömen. Das rustikal-britische Ambiente wirkt (in Paris) geradezu exotisch. Filialen u.a. in Saint-Germain **(The Frog & Princess,** 9, rue Princesse, 6. Arr.) und an der neuen Nationalbibliothek **(The Frog & British Library).**
116, rue Saint-Denis, 2. Arr., www.frogpubs.com, Métro: Etienne-Marcel, tgl. 12–2 Uhr

### Just tell the taxi driver: »Sank Roo Doe Noo«
**Harry's New York Bar** ✺ G 3
Die 1911 von einem amerikanischen Jockey eröffnete Bar ist zugleich Mythos und Pariser Institution. Die Cocktails Bloody Mary, Side Car und Blue Lagoon wurden hier erfunden; auf der Karte stehen rund 350 dieser Mixgetränke und um die 250 Whiskys. Gediegenes Publikum. Früher erster Anlaufplatz für Expats – daher auch die Aussprachehilfe für »5, rue Daunou«, bis heute ein Running Gag.
5, rue Daunou, 2. Arr., www.harrys-bar.fr, Métro: Opéra, So–Do 12–2, Fr/Sa 12–3 Uhr

### Bitte eine Bierbar
**Lizard Lounge** ✺ Karte 2, J 5
Belebte anglo-amerikanische Bar in einem hohen Raum mit Galerie und animierter Stimmung.
18, rue du Bourg-Tibourg, 4. Arr., auf Facebook, Métro: Hôtel de Ville, tgl. 12–2 Uhr

### Kreative Cocktails für Kenner
**Prescription Cocktail Club**
✺ Karte 2, G 6
Die auf 1930er-Jahre und die Prohibitionszeit gestylte Bar füllt sich insbesondere am Wochenende und zu später Stunde.
23, rue Mazarine, 6. Arr., www.prescriptioncocktailclub.com, Métro: Odéon, Mo–Do 19–2, Fr/Sa 19–4, So 20–2 Uhr

### IPA, Lager und Dark Ale
**Paname Brewing Company** ✺
außerhalb L 1
Craft Beer ist auch in Paris Trend, zudem wird dieses Bier direkt vor Ort am Bassin de la Villette gebraut. Saisonal gibt es ab und zu ein East Paris Ale, meist werden weitere fünf Sorten ausgeschenkt. Im alten Speicherhaus betreibt die Brauerei auch ein Lokal, in dem mittags und abends Burger, Fish & Chips und Pizza bestellt werden können.
41bis, quai de la Loire, 19. Arr., www.paname brewingcompany.com, Métro: Laumière, tgl. 11–2 Uhr

............................................................
## LIVEMUSIK UND MUSIKKNEIPEN
............................................................

### … and Rock 'n' Roll
**La Cigale** ✺ Karte 4
Rockkonzerte, World Music und Brit-Pop in einem ehemaligen Vaudeville-Theater.
120, bd. Rochechouart, 18. Arr., www.lacigale.fr, Métro: Anvers oder Pigalle

### Jazz is in the air
**Au Duc des Lombards**
✺ Karte 2, H 5
Seit Mitte der 1980er-Jahre Anlaufstelle

## Wenn die Nacht beginnt

für eingefleischte Jazzfans. Klassischer Livejazz in Clubatmosphäre.

42, rue des Lombards, 1. Arr., www.ducdeslombards.com, Métro: Châtelet

### Im Schweiße des Angesichts
**Élysée Montmartre** ☼ Karte 4
Rap und Reggae, Rock'n'Roll, House, Disco in ehemaliger Boxkampfarena, die nun als Dancefloor fungiert.

72, bd. Rochechouart, 18. Arr., www.elysee-montmartre.com, Métro: Anvers

### Ruhm und Ehre
**New Morning** ☼ J 3
Im bekanntesten und größten Pariser Jazzclub, ausgelegt für max. 450 Personen, sind internationale Stars zu Gast: Jazz-, Blues-, Soul-, US-, lateinamerikanische und afrikanische Musiker.

7–9, rue des Petites-Écuries, 10. Arr., www.newmorning.com, Métro: Château d'Eau

### Lebendige Legende
**Olympia** ☼ F 3
Für französische Chansonniers und Popgrößen von Charles Aznavour bis Sylvie Vartan galt und gilt ein Auftritt in der schon 1889 eröffneten Music Hall als das i-Tüpfelchen ihrer Karriere. Auch internationale Stars treten hier auf, manche der Konzerte schrieben Musikgeschichte.

28, bd. des Capucines, 9. Arr., www.olympiahall.com, T 08 92 68 33 68, Métro: Opéra oder Madeleine

### Jazz vom Feinsten
**Sunset Sunside** ☼ Karte 2, H 5,
Kleiner Jazzkeller mit vielen *aficionados*, die den Musikern andächtig ihre Aufmerksamkeit widmen. Jazz-Vocal, Latin-Jazz, Newcomer und bekannte Jazz-Ensembles.

60, rue des Lombards, 1. Arr., www.sunset-sunside.com, Métro: Châtelet

### La Musique française
**Les Trois Baudets** ☼ Karte 4
Am Fuß des Montmartre wurde ein traditionsreiches Theater wiedereröffnet, das sich ausschließlich der französischen Musik widmen will – keineswegs nur dem Chanson, sondern der ganzen Bandbreite.

64, bd. de Clichy, 18. Arr., www.lestroisbaudets.com, Métro: Blanche, Di–Sa 19–24 Uhr, Konzerte meist um 20.30 Uhr

## TANZ-BAR

### Nostalgisch nachtaktiv
**Le Balajo** ☼ L 6
Legendärer Tanzclub im originalen, leicht kitschigen 1930er-Jahre-Dekor, von 50er-Jahre über Salsa bis Disco.

9, rue de Lappe, 11. Arr., www.balajo.fr, Métro: Bastille, Mi, Do ab 22, Fr/Sa ab 23.30 Uhr

### Für Latin-Liebhaber
**Chapelle des Lombards** ☼ L 6
Karibische, afro- und lateinamerikanische Musik von Salsa über Reggae bis Funk, animierte Stimmung bis in die Morgenstunden, das multikulturelle Publikum schwoft sich in Schweiß.

19, rue de Lappe, 11. Arr., www.la-chapelle-des-lombards.com, Métro: Bastille, tgl. ab 23 Uhr

---

### KARTENKAUF

Nur noch online erscheint der **Veranstaltungskalender** »L'Officiel des Spectacles« (www.offi.fr) mit Kino-, Theater- und Konzertprogramm inkl. Adressen der Veranstaltungsorte. **Kartenvorverkauf** vor Ort in den großen Fnac-Filialen. **Karten für denselben Abend** zum halben Preis gibt es im Kiosque de la Madeleine (15, pl. de la Madeleine, 8. Arr., www.kiosqueculture.com, Métro: Madeleine, Di–Sa 12.30–19.30, So 12.30–15.45 Uhr). **Ermäßigte Karten** bekommen Sie im Internet auf der Seite www.billetreduc.com. Bei herausragenden kulturellen Events, egal ob Oper, Theater oder Konzert, empfiehlt sich unbedingt eine **Reservierung** vorab. Fast alle Theater haben eigene Websites, über die Karten gekauft werden können, daneben gibt es Agenturen wie www.globaltickets.com.

**Wenn die Nacht beginnt**

### Tanzen bis Tagesanbruch
**Divan du Monde** ✸ Karte 4
Musikclub am Montmartre, nahe der Place Pigalle, mit Livemusik von World bis Rock, danach Disco, Hip-Hop oder Samba – Tanzen steht hier im Mittelpunkt. Wechselnde DJs.
75, rue des Martyrs, 18. Arr., www.divandumonde.com, Métro: Pigalle, tgl. ab 20.30, Club ab 23.30 Uhr

### Kanal-Kultur
**Point Ephémère** ✸ L 1
Im Szene-Kulturzentrum direkt am Canal Saint-Martin gibt es laute Musik vom Plattenteller oder live – der richtige Ort für eine gute Party also. In dem ehemaligen Lagerhaus finden sich auch Künstlerateliers und Studios, ein Restaurant, eine Bar und eine Konzertbühne.
200, quai de Valmy, 10. Arr., www.pointephemere.org, Métro: Jaurès, tgl. 12–2 Uhr

### Music and more
**Le Gibus** ✸ K/L 3
Le Gibus an der Place de la République bezeichnet sich selbst als Gay-Club. Hip-Hop, Rave oder House, gelegentlich Livekonzerte.
18, rue du Faubourg-du-Temple, 10. Arr., www.gibus.fr, Métro: République, Mi–So ab 23.30 Uhr

### Discofabrik
**La Machine** ✸ Karte 4
Die Disko am Montmartre neben dem Moulin Rouge wirkt wie eine Fabrik. Hier tummeln sich am Wochenende um die 1000 Gäste auf drei Stockwerken mit 2500 m². Sehr junges Publikum,

---

## OPER, THEATER, REVUEN UND KONZERTE

### Klassisch
Die Pariser **Oper** bespielt mit dem Neubau an der Bastille und dem Palais Garnier gleich zwei Häuser, ein drittes Haus, die Opéra Comique bringt **Operetten**. Bekannte **Konzertorte für Klassik** sind die neue »Seine Musicale« auf der Ile Seguin, das Théâtre des Champs-Elysées und das Châtelet-Theater sowie die neue Pariser Philharmonie in der Cité de la Musique. **Tanztheater** und **Ballett** finden im Palais Garnier und im Théâtre de la Ville statt.
Die **Comédie Française**, ebenfalls ein Nationaltheater mit eigenem Haus, ist eine Institution, die seit ihrer Gründung im 17. Jh. vor allem Klassiker von Molière, Corneille, Racine und Marivaux auf den Spielplan setzte, das Repertoire aber zunehmend auf moderne Autoren ausweitet.
In mehr als 120 **Theatern** hebt sich allabendlich der Vorhang. Das bunte Angebot reicht vom staatlich subventionierten Schauspielhaus über experimentierfreudige Avantgardebühnen bis zum Boulevardtheater.

### Anzüglich
Traditionsreiche Mythen der Pariser Nacht sind die **Revuetheater**, die sich dank der vielen Touristen, die sehen wollen, wo der Cancan erfunden wurde, zäh am Leben halten. Klassiker unter den **Revuebühnen** sind das Lido und das Moulin Rouge, das wohl berühmteste Varieté der Welt und Wahrzeichen des einstigen Rotlichtviertels Pigalle. **Sexy** gibt sich das Crazy Horse, **einfallsreich choreografierte Revuen** zeigt das Paradis Latin. Beide richten sich an ein anspruchsvolles Publikum, es wird viel Haut gezeigt, aber mit Niveau.

### Ausführlich
Einen Überblick in deutscher Sprache über die immense Vielfalt des Pariser Musik- und Feierprogramms mit Terminen für Nachtschwärmer von den »Nuits Blanches« bis zu den »Siestes Electroniques«, zahlreichen Adressen und unzähligen Tipps vermittelt die Seite: https://de.parisinfo.com/wo-ausgehen-in-paris/wohin-abends-in-paris.

# Wenn die Nacht beginnt

*Paris hat stimmungsvolle Locations für Live-Auftritte ohne Ende. Hier geht der amerikanische Gitarrist Joe Satriani auf der Bühne des Grand Rex so richtig ab.*

gute Lichttechnik, Techno, Hip-Hop, New Wave …

90, bd. de Clichy, 18. Arr., www.lamachinedumoulinrouge.com, Métro: Blanche, Di–So ab 23 Uhr

### Bis zum Tagesanbruch
**Faust** ✱ D 4

Unter der Belle-Epoque-Brücke Alexandre III eröffnete eine Brasserie mit nachts lange geöffneter Terrasse. Spielt das Wetter mit, ist dieser Ort am Seine-Ufer ideal für einen Cocktail in der Abenddämmerung oder bei Nacht.

Port des Invalides, Quai d'Orsay, 7. Arr., T 01 44 18 60 60, www.faustparis.fr, Métro: Invalides, Champs-Élysées-Clemenceau, Restaurant Di–Sa 20–24, Bar Mi–Sa 19–3, Club Fr/Sa 0–5.30 Uhr

### Berlin in Paris
**Wanderlust** ✱ L 8

Die Disko direkt an der Seine und in der Cité de la Mode et du Design ist besonders an Sommerabenden ein Traum, um an der freien Luft bei Techno- und House-Musik zu feiern. Weitere Ausgehalternativen warten nebenan am Seine-Ufer Richtung Nationalbibliothek mit Nix Nox, Petit Bain oder oben auf dem Dach der Modehochschule. Schon der deutsche Name der Disko zeigt, was in Paris gerade Trend ist: Inspiriert vom Berliner Nightlife, geben die Club-Veranstalter sich alle Mühe, im Sommer die Spree an die Seine zu holen.

32, quai d'Austerlitz, 13. Arr., www.wanderlustparis.com, Métro: Gare d'Austerlitz, Mi–So 18–6 Uhr

---

#### UND AUF DER LEINWAND?

Seit Vorführung des ersten kinematografischen Experiments der Brüder Lumière hat das Kino in Paris ein Interesse erzielt wie in kaum einer anderen Stadt der Welt. Mehrere 100 Kinos mit einem entsprechend großen Wochenprogramm vom Arthouse-Film bis zum Blockbuster finden ein beachtliches Publikum.

Die **Cinémathèque** (✱ südl. M 8, www.cinematheque.fr) hat gar Kinogeschichte geschrieben: Die 1936 von Henri Langlois gegründete Cinémathèque in einem Gebäude von Architekt Frank Gehry im Parc de Bercy zeigt Ausstellungen, Filmretrospektiven und thematische Reihen.

Unter Denkmalschutz steht **Le Grand Rex** (✱ H 3, www.legrandrex.com), ein Art-déco-Kino mit großer Leinwand (2600 Plätze). Das größte Kino Europas zeigt vor allem internationale Kassenschlager.

Das **Studio Galande** (✱ Karte 2, H 6, www.studiogalande.fr) zeigt seit 1978, freitags und samstags in der Spätvorstellung den Kultfilm »Rocky Horror Picture Show«. Die Fans machen begeistert mit, kommen verkleidet und werfen mit Reis.

# Hin & weg

## IN PARIS ANKOMMEN

Wer nach Paris reist, nutzt entweder Pkw, Zug, Fernbus oder das Flugzeug. Wer fliegt, landet an den Flughäfen **Charles-de-Gaulle** (CDG) oder **Orly** (ORY; ⌘ Karte 5, www.parisaeroport.fr/de). Die Flughäfen liegen jeweils ca. 20 km außerhalb des Stadtzentrums und sind beide sehr gut angebunden.

**Vom Flughafen in die Innenstadt**
Vom Flughafen CDG hat man mit der **RER-Linie** B u.a. Verbindung zu den Stationen Gare du Nord und Châtelet Les Halles (40 Min.), etwa alle 15 Min., 5.30–24 Uhr, Ticket 10,30 €. Von ORY fährt die automatische **Métro VAL** zur RER-Linie B (Antony), alle 25 Min., 6–23 Uhr, Ticket 9,30 €.
Der **Bus direct** (https://www.lebusdirect.com/de/) verkehrt von beiden Flughäfen in die Stadt und zurück. Ab CDG Linie 2 über Porte Maillot bis Etoile und Trocadéro etwa alle 30 Min., Fahrzeit 45–60 Min., oder Linie 4 über Gare de Lyon zur Gare Montparnasse alle 30 Min., Fahrzeit 50 Min.; ab ORY Linie 1 etwa alle 20 Min. über Gare Montparnasse bis Trocadéro, Fahrzeit 40–50 Min. Alle drei Buslinien verkehren ca. 6–22.30 Uhr, die Tickets ab CDG kosten 18, ab ORY 22 €, die Bustickets löst man direkt beim Fahrer oder kauft sie vorab online.
Mit den **RATP-Bussen** (www.ratp.fr) gelangen Sie auch per Roissybus bis zur Alten Oper (alle 15–20 Min., 6–23 Uhr, 50 Min., Ticket 13,70 €), per Orlybus zur Place Denfert-Rochereau (alle 15 Min., 6–24 Uhr, 30 Min., Ticket 19,50 €). Eine bequemere Option ist es, sich ein **Taxi** zu nehmen, allerdings ist dies natürlich sehr viel teurer, als mit öffentlichen Verkehrsmitteln zu fahren. Vom Flughafen CDG ins Zentrum müssen Sie 50–60 €, vom Flughafen ORY ca. 40 € berappen. Standplätze und Telefonnummern auf der Website der Flughäfen

*Im Straßenbild allgegenwärtig: die Auseinandersetzung mit den Dschihadisten*

Charles de Gaulle und Orly: www.parisaeroport.fr.
**Ist der PKW eine Alternative?**
In Paris ist man ohne Auto besser beraten. In der Stadt kommt man mit der gut ausgebauten Métro, mit Bus oder Leihrad schneller durchs Verkehrsgewühl und entgeht der leidigen Parkplatzsuche. Wer dennoch mit dem Auto in Paris ist, sollte seinen Wagen in einem Parkhaus abstellen, allerdings ist dies teuer **(Infos:** www.parkingsdeparis.com und www.infoparking.com). An Parkuhren kann nicht mit Münzen bezahlt werden, sondern nur bargeldlos: entweder mit der Chipkarte **Paris-Carte,** die man in Tabakläden kaufen kann (mit Guthaben zu 15 € und 40 €) oder mit der **App P Mobile** (IOS and Android). Sonntags, feiertags und im August ist das Parken teilweise frei. Gelbe Streifen am Fahrbahnrand signalisieren Parkverbot.

## INFORMATIONEN

**Office de Tourisme**
29, rue de Rivoli, 4. Arr.
Métro: Hôtel de Ville
tgl. 9–19 Uhr (weitere Filialen in Gare du Nord und Gare de l'Est)

Informiert über das Pariser Kulturprogramm, Sehenswertes, Ausflüge, Stadtrundfahrten, versorgt mit Hotel- und Restaurantverzeichnissen und reserviert Zimmer (ab 2-Sterne-Hotels) sowie Theater- und Konzertkarten.

Die umfassende Website **de.paris info.com** kann bei der Vorplanung des Paris-Aufenthalts enorm helfen.

## PARIS PASSLIB'

Der Pass für die Hauptstadt nennt sich **Paris Passlib'**. Er ermöglicht Zugang zu über 50 Museen und Sehenswürdigkeiten in Paris und Umgebung und außerdem unbegrenztes Fahren mit den öffentlichen Verkehrsmitteln in den Zonen 1–3. Den Pass erhält man für 2, 3 oder 5 Tage, Kostenpunkt 119–165 €, für Jugendliche bis 25 Jahre 70–95 €, für Kinder bis elf Jahre 39–49 €. Für weitere 20 € gewährt er auch den Zugang zum Eiffelturm ohne Anstehen in der Schlange. Eine einstündige Bootsfahrt, einen Tag im Panoramabus und einen Stadtplan beinhaltet der Pass ebenfalls.
Eine andere Option ist der **Paris Passlib' Mini**, dieser beinhaltet einen Tagesausflug mit dem Panoramabus und eine einstündige Bootsfahrt auf der Seine mit den Bateaux Parisiens. Erwachsene 45 €, Jugendliche bis 25 Jahre 40 €, Kinder bis elf Jahre 29 €. Auch hier gibt es die Eiffelturm-Option für 20 €. Infos und Buchung für beide Pässe: de.parisinfo.com.

## SICHERHEIT UND NOTFÄLLE

Nachts sollten abgelegene oder schlecht beleuchtete Gegenden und unsichere Stadtteile in den Vororten gemieden werden. Tagsüber heißt es auch in Paris bei den üblichen Gelegenheiten für Diebe (in der Métro, im Gedrängel in Kaufhäusern, auf dem Flohmarkt): Vorsicht! Wegen der verstärkten Sicherheitsmaßnahmen nach den terroristischen Anschlägen (Plan Vigipirate) muss man mit verstärkten Kontrollen und entsprechend längeren Wartezeiten vor den Sehenswürdigkeiten und Museen rechnen.

Im Notfall reicht eine Nummer, die von jedem Handy oder Festnetztelefon kostenlos erreichbar ist: **112**. Diese verbindet mit der Notrufzentrale, die dann je nach Art des Notfalls an Polizei, Feuerwehr oder Rettungsdienst weitervermittelt.

**Polizei:** T 17, **Feuerwehr:** T 18, **Ambulanz:** T 15 (SAMU), **Notarzt:** T 01 47 07 77 77 (ärztlicher Notdienst/SOS Médecins), T 01 43 37 51 00 (zahnärztlicher Notdienst/SOS Dentaire)
**Sperren von Kreditkarten:** T 0049 116 116 (in Österreich und der Schweiz gibt es keine einheitlichen Nummern, www.banken-auskunft.at/sicherheit/karte-sperren, www.kreditkartencheck.ch/kreditkarte-sperren/)
**Pannenhilfe:** ADAC-Notrufnummer in Frankreich: T 00 49 89 22 22 22 22 oder T 01 47 07 99 99 (SOS Dépannage).

**Diplomatische Vertretungen**
**Deutsche Botschaft:** www.paris.diplo.de, T 01 53 83 45 00
**Österreichische Botschaft:** www.amb-autriche.fr, T 01 40 63 30 63
**Schweizer Botschaft:** www.eda.admin.ch, T 01 49 55 67 00

## REISEN MIT HANDICAP

Paris macht es Behinderten nicht leicht. Die Métro ist weder auf Blinde noch auf Körperbehinderte eingestellt (nur die neue Linie 14). Etwa 70 % aller Busse sind mit einer ausklappbaren Rampe für Rollstuhlfahrer ausgestattet (französischsprachige Infos als PDF oder MP3: www.ratp.fr). Hotels, Restaurants und Museen geben in der Regel an, ob sie für Rollstuhlfahrer zugänglich sind. Das Office de Tourisme hält ebenfalls Infos bereit: de.parisinfo.com (Rubrik Praktische Infos).

# Hin & weg

*Für Rollstuhlfahrer, Kinderwagen oder ... auch Läufer: die Piste in der Métrostation.*

## UMWELTFREUNDLICH UNTERWEGS

### ... mit der Métro

Die schnellste und preiswerteste Art, sich in Paris fortzubewegen! Die Métro verkehrt (je nach Linie) von 5.30 bis 1 oder 2 Uhr. Das U-Bahn-Netz ist dicht und tagsüber eng getaktet (2–6 Min.); auch nach 19 Uhr muss man nicht länger als 7–10 Min. warten. **Infos** im Internet: www.ratp.fr. Ein einziges Ticket gilt für den gesamten Stadtbereich, einschließlich Umsteigen. Es gibt fünf S-Bahn-Linien (RER), die mit den Buchstaben A, B, C, D und E benannt und mit dem U-Bahn-Netz verbunden sind. Diese Linien bedienen die Vororte (wie La Défense, Saint-Denis oder Versailles). Innerhalb des Zentrums gelten für RER die normalen Métro-Tickets, außerhalb, etwa zu den Flughäfen, gibt es gestaffelte Tarife. Ein **Carnet,** ein Zehnerblock, ist günstiger (16,90 €) als zehn einzelne Fahrscheine (je 1,90 €). Daneben gibt es die Tageskarte **Mobilis** ab 7,50 € (Zone 1–2), die Touristenkarte **Paris Visite** für 1, 2, 3 oder 5 Tage für die Zone 1–3 von 12 bis 38,35 €. Die Preise für die Dauerkarte **Navigo** (Wochenkarte ab 22,80 € und Monatskarte ab 75,20 €), für die man ein Passbild benötigt, richten sich nach der Anzahl der Zonen, für die die Karte gültig sein soll.

### ... mit dem Bus

Für Busse gelten dieselben Fahrkarten, allerdings müssen diese im Bus und beim Umsteigen erneut entwertet werden. An den Haltestellen (gelb-rote Schilder) sind die Nummer der Linie, die Zonen-Einteilung sowie die Fahrtroute angegeben. Busse verkehren Mo–Sa etwa 6.30–20.30 Uhr, einige wenige Linien auch bis Mitternacht. Es gelten gesonderte Sonntagsfahrpläne. Aber auch nachts ist man nicht nur auf Taxis angewiesen. Mehr als 45 Nachtbuslinien starten von der Place du Châtelet (Av. Victoria) oder den Bahnhöfen 0.30–5.30 Uhr etwa stdl. Richtung Peripherie und zurück (www.noctilien.fr). Haltestellen sind am blau-weißen ›Noctilien‹-Schild zu erkennen.

### ... mit dem Fahrrad

Mit den Mieträdern kann man günstig, umweltschonend und flexibel die Stadt erkunden – etwa alle 300 m findet sich eine Leihstation. Mit dem 1-Tages- oder 7-Tage-Abo für **Vélib'** kann man einfach ein Rad los- und an anderen Stationen wieder anschließen. Die Tarife von Vélib' wurden für kurze Nutzungszeiten konzipiert, um die größtmögliche Verfügbarkeit der Räder zu gewährleisten; außerdem soll den Anbietern, die Fahrräder für längere Zeiträume vermieten, keine Konkurrenz gemacht werden. Man sollte die Räder nur stundenweise nutzen und gleich wieder abstellen – die erste halbe Stunde ist kostenfrei. Die Terminals an den Fahrradstationen sind auch mit deutscher Anleitung bedienbar, bezahlt wird per Kreditkarte. Reparaturbedürftige Räder können direkt ausgetauscht werden. Die **Carte Vélib'** kostet 29 € pro Jahr (Grundgebühr), Abonnement Courte Durée (Kurzzeitabo) 5 €/Tag, 15 €/7 Tage. Beim 7-Tage-Abo muss per Kreditkarte eine Kaution von 150 € hinterlegt werden. Die ersten 30 Min. jeder Fahrstrecke sind kostenfrei, für die erste halbe Stunde danach wird 1 € berechnet, für die zweite halbe Stunde und alle weiteren 2 €. Mindestalter: 14 Jahre (oder Petit Vélib'). **Infos:** www.velib-metropole.fr. Für ganztägige Sightseeing-Touren kann man nach wie vor Räder bei Händlern für einen längeren Zeitraum mieten. Jedes Jahr beliebter werden geführte **Stadttouren mit dem Fahrrad.** In einer kleinen Gruppe geht es dann durch Seitenstraßen zu Sehenswürdigkeiten oder auf Spurensuche bekannter Persönlichkeiten (z. B. mit Paris à vélo c'est sympa, 22, rue Alphonse Baudin, 11. Arr., https://parisvelosympa.fr/, T 01 48 87 60 01, Métro: Richard Lenoir, Mo, Mi–Fr 9.30–13, 14–18 Uhr, Sa, So bis 19 Uhr).

## UNTERWEGS MIT DEM TAXI

Der Grundpreis beträgt je nach Zone und Tageszeit 2,60 € oder 6,40 €, der Preis pro Kilometer 1,05–1,27 €. Man muss auf dem Rücksitz Platz nehmen. ›Grüne‹ Taxis, Fahrzeuge mit Hybridtechnik, besitzt das Unternehmen G7 (www.g7.fr). Urban-Cabs und Velo-Taxis sind zum Transport geeignete Riksscha-Fahrräder und Tuk Tuks, die von einem Elektromotor unterstützt werden (zu finden an den Plätzen Bastille, Concorde, Saint-Michel, am Louvre und bei Notre-Dame). Infos: www.visite-insolite-cyclopolitain.com, www.aniltuktuk.fr, www.paris-tuk-tuk.fr, www.taxikingclovis.com.

## STADTRUNDFAHRTEN

### ... mit dem Bus
**Paris Vision:** Das Busunternehmen bietet traditionelle Sightseeing-Fahrten an, von 2-Stunden-Touren bis zu ganztägigen Ausflügen nach Versailles. 214, rue de Rivoli, 1. Arr., www.pariscityvision.com, Métro: Tuileries
**Open Tour:** Bei den oben offenen Doppeldeckerbussen, ist das Aus- und erneute Zusteigen an über 50 Haltestellen möglich. Das Ticket ist 1 Tag (34 €), 2 Tage (38 €) oder 3 Tage (42 €) gültig. Open Tour fährt auf vier Routen zu zahlreichen Sehenswürdigkeiten, im Sommer 9.30–19, im Winter bis 17.30 Uhr alle 15–30 Min. Infos: https://opentourparis.com
**Balabus:** Besichtigungstour mit einer städtischen Buslinie; man kann aussteigen und mit einem späteren Bus wieder weiterfahren. April–Sept. So und feiertags 13.30–20.30 Uhr ab Gare de Lyon, Fahrtdauer 70 Min., www.ratp.fr.

### ... mit dem Boot
Bootstouren **auf der Seine** werden von mehreren Gesellschaften organisiert. Abfahrt je nach Jahreszeit etwa alle 30 Min., 10–22 Uhr, Dauer ca. 1 Std., etwa 10 € für Erwachsene, 5 € für Kinder, Startpunkte sind am Eiffelturm (Pont d'Iéna), am Pont de l'Alma und am Square du Vert Galant (Île de la Cité). **Infos:** www.vedettesdupontneuf.com, www.vedettesdeparis.fr, www.bateauxparisiens.com.
Gemächlicher ist die dreistündige Fahrt über den **Canal Saint-Martin** – ab Port de l'Arsénal nahe der Bastille geht es zunächst unterirdisch los, unter dem Boulevard Richard Lenoir, danach im Schritttempo durch mehrere Schleusen stadtauswärts Richtung La Villette, Preis ca. 18 €, Kinder bis 12 Jahre 9 €. Canauxrama, Port de l'Arsénal, Métro: Bastille, Abfahrt 9.45 und 14.30 Uhr, oder in umgekehrter Richtung vom Bassin de la Villette, Métro: Jaurès, Abfahrt 9.45 und 14.45 Uhr. **Infos:** www.canauxrama.com.

# O-Ton Paris

**SALUT!**
*Hallo!*

**On ne voit bien qu'avec le cœur.**

*Métro, boulot, dodo*

Man sieht nur mit dem Herzen gut.
*Im übertragenen Sinne: Das Wichtige ist für die Augen unsichtbar.*

**S'il vous plaît!**

Métro, Job, ins Bett
*Das ist der Alltag in Paris: Pendeln, Arbeiten, Schlafen (umgangssprachl.)*

*Bitte!*

*Banlieue*

**L'HEURE DE L'APÉRO**

wörtl.: Bannmeile
*Die Pariser Vororte und Trabantenstädte, zugleich Synonym für soziale Brennpunkte*

*Zeit für den Apéritif*

**MERCI!**

*Je t'aime!*

*Danke!*

*Nuit blanche*

*Ich liebe dich!*

Eine Nacht, in der man nicht schlafen geht – eine Pariser Kulturveranstaltung.

**La vie en rose**

**PARDON!**

*Das Leben durch eine rosarote Brille gesehen (populäres Chanson von Edith Piaf)*

*Entschuldigung!*

**Register**

9Hotel Opéra 89
104 80

**A**
Absinthe 47
Agnès B 102
Alain Ducasse 90
Alimentation Générale 69
Angelina 91
Anne Hidalgo 120
Antoine et Lili 102
Arc de Triomphe 43
Arènes de Lutèce 26
Argonaute 75
Astier 92
Astier Villatte 100
Auberge de Jeunesse Yves Robert 87
Au Duc des Lombards 106
Aux Lyonnais 94
Avant-Comptoir 95

**B**
Baieta 96
Ballett 108
Balzar 93
Bars 105
Bastille-Viertel 11
Batobus 29
Belleville 90
Bensimon 103
Berges de la Seine 32
Bistro Chez Casimir 95
Bofinger 93
Bon Marché 102
Borgo delle Trovaglie 101
Bouillon Julien 93
Boulevard des Batignolles 100
Boulevard Périphérique 82
Boulevard Raspail 100
Bourse de Commerce – Pinault Collection 79
Buchhandlung 99
Buddha Bar 105
Bus 112

**C**
Café Beaubourg 55
Café Charbon 69
Café des 2 Moulins 72
Café des Concerts 76
Café Ladurée 42
Café Marly 47
Café Maure de la Mosquée de Paris 27
Café Saint-Régis 23
Calligrane 23
Canal de l'Ourcq 77
Canal Saint-Martin 84
Candelaria 105
Cantine Merci 102
Carrousel du Louvre 47
Centre d'Art et de Culture Georges Pompidou 54
Centre des Monuments Nationaux 57
Centre National des Industries et Techniques 82
Champ de Mars 40
Champs-Elysées 41
Chapelle des Lombards 107
Chez Georges 94
Chez Marianne 58
Chez Michel 95
Chez Omar 95
China 105
Chinatown 90
Christian Louboutin 103
Cimetière du Montparnasse 85
Cimetière du Père Lachaise 64
Cinémathèque Française 63, 109
Cité de la Musique 75, 76
Cité de l'Architecture et du Patrimoine 82
Cité des Sciences et de l'Industrie 75
Clamato 96
Claus 91
Comédie Française 52, 108
Comptoir du Relais Saint-Germain 95

Conciergerie 22
Coutume Café 91
CSAO 101

**D**
Debauve & Gallais 99
Delacroix 46
Delaville Café 105
Diplomatische Vertretungen 111
Divan du Monde 108

**E**
Ecole des Beaux-Arts 32
E. Dehillerin 101
Edith Piaf 120
Egouts de Paris 40
Eiffelturm 37
Einkaufen 98
Einwohner von Paris 9
Élysée Montmartre 107
Elysée-Palast 43
Elysischen Felder 41
enograph 101
Epices Roellinger 99
Essen und Trinken 86
Etoile Manquante 91

**F**
Fahrrad 112
Faubourg Saint-Germain 10
Faust 109
Favela Chic 69
Ferme du Buisson 80
Fleux 101
Floderer 94
Flohmarkt 100
Florence Kahn 99
Flughafen 110
Fnac 99
Fondation Cartier 81
Fondation Louis Vuitton 81
Fontaine de Médicis 84
Frenchie 92
Frenchie To Go 92
Fumoir 47

**G**
Galerie Colbert 51
Galeries Lafayette 102
Galerie Véro-Dodat 47

# Register

Galerie Vivienne 49
Galignani 99
Géode 75
Goutal 102
Grand Colbert 50
Grande Epicerie 4, 99
Grande Mosquée de Paris 26
Grand Palais 31
Grand Rex 109
Grand Trianon 83
Guerlain 42
Gustave Eiffel 38, 120
Guy Martin 90
Guy Savoy 90

## H
Hameau 83
Harry's New York Bar 106
Haus von Balzac 4
Haute Couture 98
Heinrich VI. 21
Hermès 102
Heschung 102
Hôtel Amour 87
Hôtel Arvor Saint-Georges 87
Hôtel Crayon 87
Hôtel de Béthune-Sully 57
Hôtel de Cluny 21, 25
Hôtel de la Place du Louvre 88
Hôtel des Marronniers 88
Hôtel de Ville 53
Hôtel du Nord 88
Hôtel du Petit Moulin 89
Hôtel du Triangle d'Or 89
Hotel Fred 89
Hôtel Jeanne d'Arc 88
Hôtel Mama Shelter 88

## I
Île Saint-Louis 24
Institut du Monde Arabe 61
Invalidendom 36
Isabel Marant 103

## J
Jan Vermeer 46
Jardin des Grands Moulins 62
Jardin des Plantes 30
Jardin du Luxembourg 84
Jeanne d'Arc 21
Jeu de Paume 48
Joyce Astotel 87
JR 26, 44

## K
Katakomben 28
Kino 109
Kitsch, Kunst, Kurioses 100
Kolumbarium 66
Kong 33

## L
La Botte Gardiane 102
La Chaise aux Plafond 91
La Cigale 106
La Défense 82
La Machine 108
La Mercerie 68, 69
La Parisienne 120
La Régalade 96
La Villette 74
Lazare 96
Le Balajo 106, 107
Le Comptoir Général 105
Le Crayon Rouge 87
Le Cube 80
Le Flore en l'Île 23
Le Gibus 108
Le Loir dans la Théière 58
Leonardo da Vinci 46
Le Pas Sage 50
Le Perchoir Marais 105
Le Petit Fer à Cheval 91
Le Plateau 80
Le Rubis 47
Le Sancerre 72
Le Servan 97
Les Fables de la Fontaine 96
Les Frigos 62
Les Grands Verres 39

Les Halles 11
Le Six 89
Les Ombres 39
Les Trois Baudets 5, 107
Liebesschlösser 31
Livemusik 106
Lizard Lounge 106
Lou Doillon 120
Lou Tiap 66
Louvre 44
Ludwig XIV. 83
Ludwig XV. 83
Lutetia 25

## M
Macéo 97
MAC/VAL 80
Maison Becquey 76
Maison de Victor Hugo 57
Maison Plisson 94
Mama Shelter 104
Manu Chao 120
Manufacture Alain Ducasse 99
Marais 10, 98
Marcel 72
Marché aux Puces de Saint-Ouen 100
Marché des Enfants Rouges 95
Mariage Frères 100
Marin d'eau douce 75
Markt in Belleville 100
Marktstraße 95
Max 89
Mémorial des Martyrs de la Déportation 24
Merci 102
Métro 112
Minipalais 33
Mode 102
Monsieur Bleu 105
Montmartre 70
Montorgueil 11
Moulin Rouge 71
Mur des Fédérés 65
Muscade 50
Musée Carnavalet 79
Musée d'Art et d'Histoire du Judaïsme 78
Musée d'Art Moderne 55

**Register**

Musée d'Art Moderne de la Ville de Paris 81
Musée de l'Armée 36
Musée de la Sculpture en Plein Air 30
Musée de la Vie Romantique 4
Musée de l'Homme 79
Musée de l'Orangerie 48
Musée de Montmartre 73
Musée des Arts Asiatiques – Guimet 78
Musée des Arts Décoratifs 78
Musée des Arts et Métiers 78
Musée des Plans et Reliefs 36
Musée d'Orsay 34
Musée du Moyen Age 25
Musée du Quai Branly Jacques Chirac 79
Musée Grévin 51
Musée Jacquemart-André 43
Musée Maillol 81
Museen 78
Musée Picasso 81
Musée Rodin 81
Musée Zadkine 4
Muséum d'Histoire Naturelle 30, 79
Museum zur islamischen Kultur 28
Musikkneipen 106

## N
Nanashi 91
Nanashi Charlot 91
Nanashi Paradis 91
Nationalbibliothek 62
New Morning 107
Noglu 91
Notfallnummern 111
Notre-Dame 20
Nouveau Casino 68, 69

## O
Office de Tourisme 110
Okko 88
Olympia 107
Online-Buchung 87
Oper 108
Opéra Comique 108

## P
Pain de Sucre 103
Palais de Chaillot 38
Palais de Tokyo 80
Palais Garnier 50, 108
Paname Brewing Company 106
Panthéon 26
Papier Plus 23
Papier Tigre 101
Parc André Citroën 84
Parc des Buttes-Chaumont 85
Parc Monceau 85
Pariser Oper 108
Paris Museum Pass 80
Paris Passlib' 111
Paris respire 63
Partyboote 104
Passage des Panoramas 51
Passage du Grand Cerf 52
Passage Jouffroy 51
Passagen 49
Passage Verdeau 51
Passerelle Simone de Beauvoir 63
Patrick Modiano 120
Père Lachaise 64
Petit Palais 31
Petit Trianon 83
Philharmonie 75
Pierre Gagnaire 90
Pinault Collection 79
Pipalottes Gourmandes 95
Piscine Joséphine-Baker 60
Place d'Aligre 100
Place Dauphine 24
Place de la Concorde 48
Place de la Madeleine 98
Place des Victoires 98
Place des Vosges 56
Place du Tertre 72
Point Ephémère 108

Pont Alexandre III 31
Pont au Double 22
Pont de Crimée 77
Pont des Arts 31
Prescription Cocktail Club 106
Promenade Plantée 85

## Q
Quartier Latin 25

## R
Radtour 59
Reisen mit Handicap 111
Restaurant Georges 55
Revuetheater 108
Rosa Bonheur sur Seine 32, 105
Rose Bakery 92
Rue de Poitou 98
Rue des Rosiers 90
Rue Oberkampf 67
Rue Sainte-Anne 90
Rue Saint-Honoré 98

## S
Sacré-Cœur 71
Sainte-Chapelle 22
Saint-Germain-des-Prés 10, 98
Saint-Julien-le-Pauvre 28
Salon de thé 100
Schlosspark 83
Sentou 102
Septime 96
Shakespeare & Company 25, 28
Shiseido 103
Sicherheit 111
Site de Création Contemporaine 81
Skulpturengarten 61
Sperren von Kreditkarten 111
Spiegelgalerie 83
Stadtrundfahrten 113
St. Christopher's Inn 89
Stoffmarkt Saint-Pierre 73
Strawinsky-Brunnen 54
Studio Galande 109

# Register

Sunset Sunside 107
Supu Ramen 33
Szenelokale 105

**T**
Tanz-bar 107
Tanztheater 108
Taxi 113
Theater 108
Théâtre de la Ville 108
The Frog & Rosbif 106
Thoumieux 39
Tour Eiffel 37
Tour First 82
Tourismusabgabe 86
Tour Montparnasse 82, 83

Train Bleu 96
Tuilerien-Gärten 46

**U**
Übernachten 86
Umweltfreundlich unterwegs 112

**V**
Vampirmuseum 4
Veranstaltungskalender 107
Versailles 83
Village de Bercy 63
Village Saint-Paul 58

**W**
Wanderlust 109
Weinberg von Montmartre 73
Wochenmärkte 100
www.panamepodcast.com 68
www.radiooooo.com 68

**Y**
Yard 66

**Z**
Ze Kitchen Galerie 97

### Das Klima im Blick
Reisen bereichert und verbindet Menschen und Kulturen. Wer reist, erzeugt auch $CO_2$. Der Flugverkehr trägt mit bis zu 10 % zur globalen Erwärmung bei. Wer das Klima schützen will, sollte sich – wenn möglich – für eine schonendere Reiseform entscheiden oder die Projekte von atmosfair unterstützen. Flugpassagiere spenden einen kilometerabhängigen Beitrag für die von ihnen verursachten Emissionen und finanzieren damit Projekte in Entwicklungsländern, die dort den Ausstoß von Klimagasen verringern helfen (www.atmosfair.de). Auch die Mitarbeiter des DuMont Reiseverlags fliegen mit atmosfair!

**Abbildungsnachweis | Impressum**

**Abbildungsnachweis**
AWL-Images, Whitchurch (GB): S. 34 (Shaun Egan)
Christiane Eisler, Leipzig: S. 70, 71 u., 84
DuMont Bildarchiv, Ostfildern: S. 14/15
Gabriele Kalmbach, Köln: S. 24 o., 37, 60, 69, 86, 92, 96
Glow Images, München: S. 120/7 (Fine Art Images); 55 (Michaela Begsteiger)
Heinz Troll, Thessaloniki (GR): S. 25, 32 u., 53, 61 u., 63, 74, 77 u., 98
Huber-Images, Garmisch-Partenkirchen: S. 100 (Simeone Giovanni)
iStock.com, Calgary (CA): S. 65 (Eduardo Montes-Bradley); 31 (Ivan Bastien); Titelbild, Faltplan (yuran-78)
laif, Köln: S. 120/6 (Allpix/Gael Colliguet); 57 (Cathrine Stukhard); 48 (Dorothea Schmid); 104 (Expansion-REA/Jerome Chatin); 109 (Gamma-Rapho/Sadia); 16/17, 28 (Gerald Haenel); 62 o. (hemis.fr/Hervè Hughes); 95 (hemis.fr/Jean-Claude Amiel); 85 (hemis.fr/Jean-Pierre Degas); 8/9 (hemis.fr/Sylvain Sonnet); 78/79 (Gamma-Rapho /Henri-Alain Segalen); 20 (hemis.fr/Jean-Marc Barrère); 26 o. (Jörg Modrow); 120/3 (Le Figaro Magazine/Helene Bamberger); 93 (Le Figaro Magazine/Sylvie Huet); 59 (Lily Franey/Gamma-Rapho); 120/9 (M.Y.O.P./Ed Alcock); 120/2 (Madame Figaro/Nicole Pibeaut); 54 u. (Michael Wolf); 97 (Peter Rigaud); 106 (Rapho/Lily Franey); 45 (REA/Denis Allard); 120/1 (REA/Fred Marvaux); 120/8 (Redux/NYT/Chester Higgins Jr.); 68 (Thomas Dorn); 44 (UPI)
Lucia Lehmann, Köln: S. 7, 73, 101, 110
MATO, Hamburg: S. 22 (Antonino Bartuccio); 35 (Guido Cozzi)
Mauritius Images, Mittenwald: S. 56 (age fotostock/Javier Larrea); 30 (Alamy/Chris Howarth); 4 o., 26 u., 67 (Alamy/Directphoto Collection); 42 (Alamy/Eden Breitz); 24 u. (Alamy/Godong); 32 o. (Alamy/Jeff Gilbert); 120/4 (Alamy/Keystone Press); 43 (Alamy/Mark Harmel); 41, 71 o. (Alamy/Paul Quayle); 4 u. (Alamy/Perry van Munster); 49 (Alamy/Peter Horree); 51 (Alamy/tbkmedia.de); 94 (Alamy/Tom Craig); 103 (Alamy/Wayne Tippetts); 38 u. (Blend Images/Chris Clor); 120/5 (imagebroker/Peter Backens); 62 u. (robertharding/Markus Lange); 90 (Sören Gammelmark/Travel Collection)
picture-alliance, Frankfurt a. M.: S. 64 (Daniel Fouray) Stock.adobe.com, Dublin (IE): S. 21 (jerome33980); 38 u. (miket)
Susanne Troll, Köln: Umschlagkl. hinten, 12/13, 29, 40, 52, 54 o., 61 o., 77 o., 80, 88, 112
Zeichnung S. 5: Antonia Selzer, Lörrach
Zeichnungen Umschlagkl. vorn, S. 2, 11, 21, 40, 43, 46, 48: Gerald Konopik, Fürstenfeldbruck
**Zitat:** Umschlagklappe hinten: Wolfgang Koeppen, Werke in 16 Bänden – Band 10: Reisen nach Frankreich und andere Reisen (S. 198). Herausgegeben von Walter Erhart unter Mitarbeit von Anja Ebner und Arne Grafe, © Suhrkamp Verlag Frankfurt am Main 1953. Alle Rechte bei und vorbehalten durch Suhrkamp Verlag Berlin.
**Kartografie:** DuMont Reisekartografie, Fürstenfeldbruck
© DuMont Reiseverlag, Ostfildern
**Umschlagfotos:** Titelbild: Der Eiffelturm im Sonnenlicht, Umschlagklappe hinten: Szene auf dem Friedhof Père Lachaise
**Hinweis:** Autorin und Verlag haben alle Informationen mit größtmöglicher Sorgfalt geprüft. Gleichwohl sind Fehler nicht vollständig auszuschließen. Alle Angaben erfolgen ohne Gewähr. Bitte schreiben Sie uns! Über Ihre Rückmeldung zum Buch und Verbesserungsvorschläge freuen sich Autorin und Verlag: **DuMont Reiseverlag,** Postfach 3151, 73751 Ostfildern, info@dumontreise.de, www.dumontreise.de

3., aktualisierte Auflage 2020
© DuMont Reiseverlag, Ostfildern
Alle Rechte vorbehalten
Autorin: Gabriele Kalmbach
Redaktion/Lektorat: Susanne Völler, Lucia Lehmann, Sebastian Schaffmeister
Grafisches Konzept: Eggers+Diaper, Potsdam
Printed in China

# Kennen Sie die?

**9 von 2 229 621 Parisern**

### Manu Chao
Der in Paris geborene Sänger und Gitarrist mit baskisch-galizischen Wurzeln mischt Reggae, Rap, Raï, Flamenco, Chanson und lateinamerikanische Einflüsse zu seinem unverkennbaren Musikstil.

### La Parisienne
Weltweit gilt die Pariserin als Inbegriff des Chic. Ihr Erfolgsrezept ist gar nicht so kompliziert: auf Klassiker setzen, Überflüssiges weglassen und bewusst Stilbrüche einbauen.

### Patrick Modiano
So gut wie alle Romane des französischen Nobelpreisträgers spielen in Paris. Es heißt, auch der Schriftsteller selbst verlasse die Stadt so gut wie nie.

### Edith Piaf
Ihre Chansons machten den ›Spatz von Paris‹ weltberühmt. Ihr größter Erfolg »Non, je ne regrette rien« scheint zugleich ihr teils von Tragödien geprägtes Leben zusammenzufassen.

### Pariser Blau
Das auch Französischblau oder Miloriblau genannte dunkelblaue Farbpigment ist Malern ein Begriff. In Paris gewann die Firma Milori ein Blaupigment auf andere Weise als das in Berlin erfundene Preußischblau.

### Lou Doillon
So berühmt wie ihre Schwester Charlotte Gainsbourg und ihre Mutter Jane Birkin ist die Schauspielerin und Sängerin noch nicht, aber mit dem ersten selbst komponierten Album stürmte sie direkt die französischen Charts.

### Gustave Eiffel
Der ingeniöse Ingenieur konstruierte nicht nur das nach ihm benannte Wahrzeichen von Paris, sondern auch viele Eisenbahnviadukte.

### Pariser
Ab Ende des 19. Jh. verkaufte die 1860 gegründete Korsettfirma von Auguste Claverie auch Kondome unter dem Artikelnamen ›Le Parisien‹.

### Anne Hidalgo
Als erste Frau ist die in Andalusien geborene Politikerin seit 2014 Bürgermeisterin von Paris.